朱自清情书全集

【图文珍藏本】

朱自清 陈竹隐 著
姜建 张瑞霞 审校/整理

中国青年出版社

图书在版编目(CIP)数据

朱自清情书全集：图文珍藏本 / 朱自清，陈竹隐著；姜建，张瑞霞审校，整理 . —北京：中国青年出版社，2020.6

ISBN 978-7-5153-6029-4

Ⅰ. ①朱… Ⅱ . ①朱… ②陈… ③姜… ④张… Ⅲ . ①朱自清（1898–1948）– 书信集 ②陈竹隐（1904–1990）– 书信集 Ⅳ. ① K825.6

中国版本图书馆 CIP 数据核字（2020）第 082774 号

书　　名：朱自清情书全集（图文珍藏本）
著　　者：朱自清　陈竹隐
审校整理：姜　建　张瑞霞
责任编辑：庄　庸　张佳莹
特约策划：无萱草
特约编辑：于晓娟
出版发行：中国青年出版社
社　　址：北京东四十二条 21 号
邮　　编：100708
网　　址：www.cyp.com.cn
门 市 部：(010) 57350370
印　　刷：北京中科印刷有限公司
经　　销：新华书店

开　　本：787mm × 1092mm　1/16
插　　页：1
印　　张：13.5
字　　数：250 千字
版　　次：2020 年 9 月北京第 1 版
印　　次：2020 年 9 月北京第 1 次印刷
印　　数：0,001 ~ 5,000 册
定　　价：60.00 元

朱自清(1898~1948)

不同时期的朱自清

1931 年 3 月 18 日，陈竹隐（1904~1990）赠给朱自清的订婚照片。

朱自清和陈竹隐合影

1931 年，朱自清和陈竹隐在北平中南海。

1932年8月4日，朱自清和陈竹隐在上海结婚。

朱自清和陈竹隐及其结拜姐妹和她们的夫婿合影。（前排左一为陈竹隐，后排左一为朱自清。）

1932年，与英国友人摄于伦敦（二排右二为朱自清）。

朱自清与陈竹隐在普陀山度蜜月。

朱自清与陈竹隐，摄于清华大学照澜院18号前。

1933年春，在燕京大学郑振铎宅前合影。（左起：俞平伯、郭绍虞、蒲江青、顾颉刚、赵万里、朱自清、陈竹隐、郑振铎夫人高君箴、顾颉刚夫人殷履案、郑振铎。）

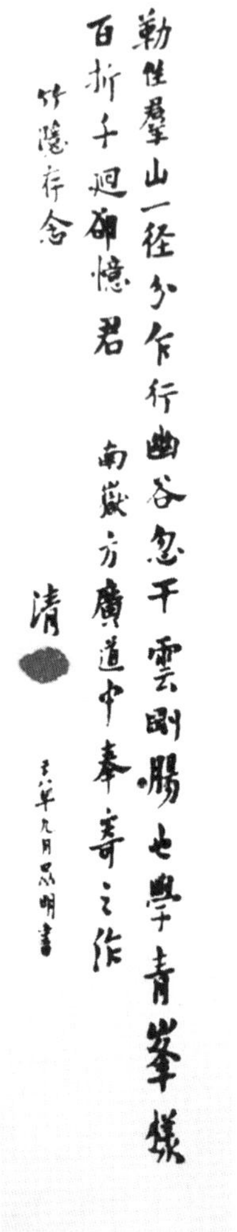
勒住羣山一徑分乍行幽谷忽干雲剛腸也學青峯樣
百折千迴卻憶君 南嶽方廣道中奉寄之作
竹隱存念
清
廿八年九月昆明書

1939年9月，朱自清在昆明赠给陈竹隐的诗稿手迹。

1946年，朱自清、陈竹隐与朱乔森、朱思俞、朱蓉隽合影。

目录

第叁章
从崇拜到订婚 / 59

第肆章
小风波促情感 / 77

第伍章 小离别遥思念 / 97

第陆章 步入幸福的婚姻 / 175

导读

1930年的一个秋日，在北平西单的大陆春饭庄，清华大学外文系教授叶公超偕中文系教授朱自清、中文系教员浦江清，红豆馆主溥西园偕陈竹隐、廖书筠等几个女学生，一起吃了个饭。从这一天开始，本书的两位主角朱自清与陈竹隐就认识了，也开启了他们交往的历史。

关于那天的场景，陈竹隐晚年曾经有过一段回忆：

那时，因为我常到溥西园老师那儿去参加“曲会”，老师看到我一天天长大了，北京也没亲人，便很关心我的婚事。他就与当时清华大学中文系导师叶公超谈起我，并请他帮忙。这一年四月的一天，溥老师带我们几个女同学到一个馆子去吃饭，安排了我与佩弦的见面。陪坐的还有两位清华大学教授。那天佩弦穿一件米黄色的绸大褂。他身材不高，白白的脸上戴着一副眼镜，显得挺文雅正气，但脚上却穿着一双老式的“双梁鞋”，又显得有些土气。席间我们很少讲话。回到宿舍，我的同学廖书筠就笑着说："哎呀，穿一双'双梁鞋'，土气得很，要我才不要呢！"当时我却并不以为然。我认为在那纷乱的旧社会，一个女子要想保持住自己的人格尊严，建立一个和睦幸福的家庭并不容易。我不仰慕俊美的外表、华丽的服饰，更不追求金钱及生活的享受，我要找一个朴实、正派、可靠的人。为这我曾坚决拒绝了一个气味不投而家中很有钱的人的追求。佩弦是个做学问的人，他写的文章我读过一些，我很喜欢。他的诗歌与散文所表现的深沉细腻的感情，所描绘的一幅幅恬静、色彩柔和的画面，以及那甜美的语言，都使我很受感动，我很敬佩他。以后他给我来信我也回信，于是我们便交往了。

岁月的淘洗让陈竹隐淡忘了许多事，回忆在时间与人物身份上有少许出入。但第一次见面，朱自清的"双梁鞋"还是给陈竹隐留下了深刻印象。

从审美的角度，米黄色绸大褂、眼镜与"双梁鞋"之间确实有点不太"般配"，不过这也许正说明了鳏居的朱自清生活上的马虎。不仅生活如此，自原配夫人武仲谦1929年秋病故后，朱自清一个人生活在北平清华园，除了俞平伯、浦江清等几个友人同事外，他个人在情感生活上也几乎等于零。

所幸，陈竹隐出现了。

陈竹隐，名宝珍，字竹隐，以字行，1904年7月14日出生。她家原籍广东，但从祖上起便已迁居成都。父亲陈正新育有十二个子女，陈竹隐最小。全家仅靠父亲教私塾及在估衣铺的工作维持，生活颇为清苦。十六岁那年，父母双双去世，这使她意识到，今后必须靠自己的双手去开辟生活的道路。于是，她离家考入了四川省立第一女子师范学校，开始了独立生活。毕业后，她进入青岛电话局，做了电话接线员。工作一年多后，她又考入了北平艺术学院，师从齐白石、寿石工、萧子泉等书画名家，专攻工笔画，兼学昆曲。1929年毕业后，她进入北平第二救济院工作。因为不满院长克扣孤儿口粮，愤而辞职。此后，她一边当家庭教师教人作画，一边在溥西园门下学习昆曲。于是，就有了开头的那一幕。

两人的交往，始于通信，继而相互拜访，携手出游，或观赏电影，或登高望远，或月下漫步，或湖边流连，与天下大多数恋爱中的男女一样。于是，雪月交辉的北海、凭栏临风的白塔、巍峨宏丽的三殿、寄怀古之幽情的圆明园，等等，都留下了他们的身影。在这个过程中，两人对对方都有了更深入的了解，感情也逐步升温。

对朱自清而言，陈竹隐是个完全不同于武仲谦的全新的存在。武仲谦是个性格温柔、不多言语的传统旧式女子，这是透过朱自清的作品多少能够知道的。只是，他的散文《儿女》、《给亡妇》、《冬天》、《择偶记》和小说《爱的历史》等所表现的，无论是三张笑脸所营造的“家里却老是春天”的温暖，还是“谦”为孩子为丈夫的整日操劳，都在家庭的范围内。至于他俩的爱情生活，则付阙如。也难怪，朱自清与武仲谦结婚时还是在1916年，那时，娜拉小姐还没有走到中国来，也很少有人知道一个叫易卜生的外国人，婚姻大事遵从父母之命媒妁之言，似乎是天经地义、顺理成章的。于是，这一对新人在进入洞房、揭开盖头之前，别说互相了解，就连对方容貌是妍是蚩、性情是温是火，都不知道。因此之故，朱自清虽说有过婚姻，但缺乏约会的经历，未尝过恋爱的滋味。

而陈竹隐则完全不一样。她受过良好的教育，有较高的文化素养，也有较多的人生历练，有自己的生活世界和独立意志。她有主见，有个性，爽朗活泼，大方热情，又能歌善画。与她交往，可以收获更多的趣味，可以建立更多的共同爱好。于是，在以“人的发现”为主旨的五四新文化运动爆发十多年之后，朱自清终于有机会补上自由恋爱这一课。对于陈竹隐而言，朱自清也离开了文学作品而活生生地站在她面前。他的儒雅、他的细心、他的诚恳、他的忙碌，一如通过文学作品所了解的；他的欣悦、他的烦恼、他的担忧、他的追求，却于文学作品而外，有了更多的更立体的展现。而它们，也都多少体现在这些信札中。

这里收入的计有朱自清信75封，陈竹隐信6封。据朱自清的公子朱乔森介绍，这些书信是他在搬家时偶然发现的，原信和信封被母亲陈竹隐精心地保存在一个小箱子里。在那个书信作为人们远距离联系的最主要工具的时代，两人之间的通信想来应该不止这些。只是，在经历过漫长的、动荡的岁月之后还能保留下这么多，却也是难得的。更难得的是，它们还主要集中在1930年到1932年之间，反映了两人从相识、相知、相爱到步入婚姻殿堂的完整过程，这就更弥足珍贵了。对于当事人而言，它们是爱情的见证，是岁月的刻痕和情感的寄托；对于后人而言，它们是前辈遗赠的珍贵礼物。这些书信、文字均收入到《朱自清全集》第十一卷（江苏教育出版社，1997年）；而朱自清的书信，更曾经以手迹的方式，得以专门出版（《朱自清爱情书信手迹》，江苏教育出版社，2001年）。

信中所记，或约见面，或诉思念，或述别后情形，或谈访学经历。他关心陈竹隐的起居饮食；他精心挑选送给陈竹隐的礼物；他不厌其详地述说国外的见闻；他为收不到陈竹隐的信而着急；他计较陈竹隐与别人合演《琴挑》……这些均为生活细节，无关宏旨。只是，正是在这些琐细之处，在这种不假修饰的本真状态中，在这种人的七情六欲、喜怒哀乐的自然袒露中，更能够见出朱自清对于感情的珍惜和投入，见出他认真、诚挚的性情。他在信中说："一早就醒了，躺了一两点钟，想着香山，想着北海，想着黔阳馆，想着昨晚走过的路径，想着一个人的名字！这个人的名字，几乎费了我这个假期中所有的独处的时间！我不能念书，不能写信，甚至看报也迷迷糊糊的！我相信是个能镇静的人，但是天知道，我现在是怎样扰乱啊！”（1931年1月3日致陈竹隐）如此坦率的诉说，活脱脱地展现了恋爱中的人的心理，展现了情感的涟漪在心中泛起的圈圈波痕。那一连四个感叹号，于细微处暴露了朱自清情感波动的强烈。在这个过程中，信的称谓也悄悄发生了变化：从矜持的“女士”，到亲切的“弟”，继而到亲昵的“宝宝”、“宝妹妹”，再到调皮的“小东西”、“狗东西”，最终回归什么修饰都没有的平淡。这恰恰纪录了两人从初恋到热恋，再到婚后回归日常的情感历程。

只是，即使这种以“风月”为主的私密信札，也依然隐隐晕染着那个时代的风云之色。在多维尔过海关时所受到的“特殊关照”，和外国报纸谈及中国事务时候“极讥讽之能事”的刻薄，让朱自清感到格外的屈辱和愤怒；而沈阳的“九·一八事变”和上海的“一·二八事变”，更让朱自清对岌岌可危的国事忧心忡忡，发出“国命不知到底还有多长！前面是一片黑暗，但未尝没一两点光明，这些是什么呢？天知道”（1932年1月30日致陈竹隐）的感慨。民族的尊严和国家的命运，是那个时代的中国知识分子所无法淡然漠然的。但身处国外，他所能做的，只能是以拒绝跟日本人同寓的方式，表明自己的民族立场。在“一片黑暗”之中，他深怀“不中用”的无力感，甚至怀疑自己“教书念书，在这年头究竟有多少用处？谁知道！”（1932年1月25日致陈竹隐）但在抗日烽火席卷神州大地的时刻，他却以坚贞之志，选择与全民族同命运，与清华大学共始终，即使自己流离颠沛，即使被打了折扣的薪水迟迟未拿到。1937年10月20日那封让陈竹隐寄书寄资料的信，于朱自清非常自然，因为教书和进行学术研究，本是一个教师的本职工作，但此刻却极具象征意味：他不再悲观，而是以自己的实际行动回答了“教书念书，在这年头究竟有多少用处”的怀疑。他要坚守在教师的岗位上，以不绝的弦歌之声，去迎接民族胜利的明天。

第壹章 最美的相遇

1929年，朱自清的原配夫人武仲谦身患肺病去世，身后留下了大小六个孩子。这给从来不做家务事、从不会操持家的文学家朱自清留下了一个大难题。『此生应寂寞，随分弄丹铅。』原配夫人病逝后，朱自清一度陷入苦闷和孤寂中，曾打算不再娶。直到遇见了独立、新潮又美丽的陈竹隐。那一刻，朱自清的心中亮起了明灯。爱情之火就此燃烧起来。

第[1]封 点评

竹隐女士：

女师院《季刊》[①]及手书，都已收到。大作颇有意境，但平仄尚未尽谐；多作自可渐熟耳。嘱为改易，殊不敢承；重违雅令，姑就来函所述作此词缘起，略加点窜，录如别纸，狂妄勿罪！

本星期六五时半，奉约女士及廖[②]、敬、罗三女士，至光陆[③]观《璇宫艳史》[④]，不知得暇否？清约五时十分在青年会[⑤]相候。如不能来，则当于星期日下午一时半到石驸马奉访，同至光陆也。

朱自清

（一九三〇年）十二月四日灯下

顷决定星期日下午一时半奉访，因星期六恐不得暇也。

五日早　又及

①指《女师大学术季刊》，国立北平大学女子师范学院图书出版委员会编辑发行，1930年3月创刊。②廖指廖书筠，她和敬、罗以及下文的“三妹”、“二娃”、“六妹”等皆为陈竹隐的闺中密友、结拜姐妹。朱自清因与陈竹隐的关系而与她们熟悉。③光陆影院，位于东单米市大街，前身为北平基督教女青年会大堂，1930年9月更名为光陆影院。1935年移址东单北大街重建。抗日战争胜利后，该电影院更名为大华电影院。④《璇宫艳史》，美国派拉蒙影业公司1929年出品，是一部风格轻松的歌舞喜剧爱情片，是有声片早期的重要作品。⑤基督教青年会，位于东单北大街，是一座三层楼的红砖西式建筑，1911年由美国人捐建。

竹隱女士：女師院季刊及 手書，都已收到。大作頗有意境，但平仄尚未盡諧；多作自漸熟耳。 囑為改易，殊不敢承；重違 雅令，姑就 來函所述作此詞緣起，略加點竄，錄以別紙，狂妄勿罪！

本星期六五時半奉約 女士及 廖書筠三女士至光陸觀璇宮豔史，不知得暇否？請約五時十分在青年會相候。如不能來，則當於星期日下午一時半到石駙馬奉訪，同至光陸也。

朱自清，

十二月四日燈下。

頃決定星期日下午一時半奉訪，因星六恐不得暇也。五日早發。

陈竹隐原信二封

1 缺限

自清先生：

赐书悉。星期日叨扰过甚，至今犹感不安。

电影看半段较看全段有味之说，甚表同感。因为我自来就是赞赏“缺限美”的人，总觉得一切事到了十足无扣的地步，不如有缺限时之耐人寻味。即如好的文艺创作，只应写到八九成，让读者去寻出十成或十成以外的趣味，惟呆笨的作家，才是作十足无扣的所谓“忠实”的描写。质之高明，以为如何？

明日又是星期，若有暇，盼到我处谈谈，因三妹甚愿聆先生教也。此颂

教祺！

陈竹隐

又女师大《学术季刊》已代购好，见面时再奉上。

2 称谓

先生：

这一周来，真不知忙些什么，竟连提笔写信的工夫都没有。其实，又并未做了什么事，一天天的时光，都是在不经意中便逝去了。

好,“师生”的感情既是不如“朋友”的深厚，那就遵命取消了“夫子”的称谓。不过，名义上的“夫子”虽然取消，实际上的“夫子”还得继续保留下去。——这大概总可以同意吧?

词承改正后生色不少，且意亦深远。年假中先生空暇较多，想多写点东西来领教。

回来因为看了一本新诗集，引动了作兴，也很想尝试，但又有些胆怯。先生亦长于新诗，请指示一点途径!

近况如何?精神较佳否?念念!此颂

教祺!

陈竹隐

第 [2] 封 聪明

竹隐弟：

昨晚上车后，足甚冷，别的还好。今早本想回来，被一个朋友拉住吃饭，只得改乘四点半车。晚上匆匆看了看明天功课，就写这信给你；因为明后天便没工夫了。这已是假期的末晚，但心里还是茫茫的，真不知是何道理。

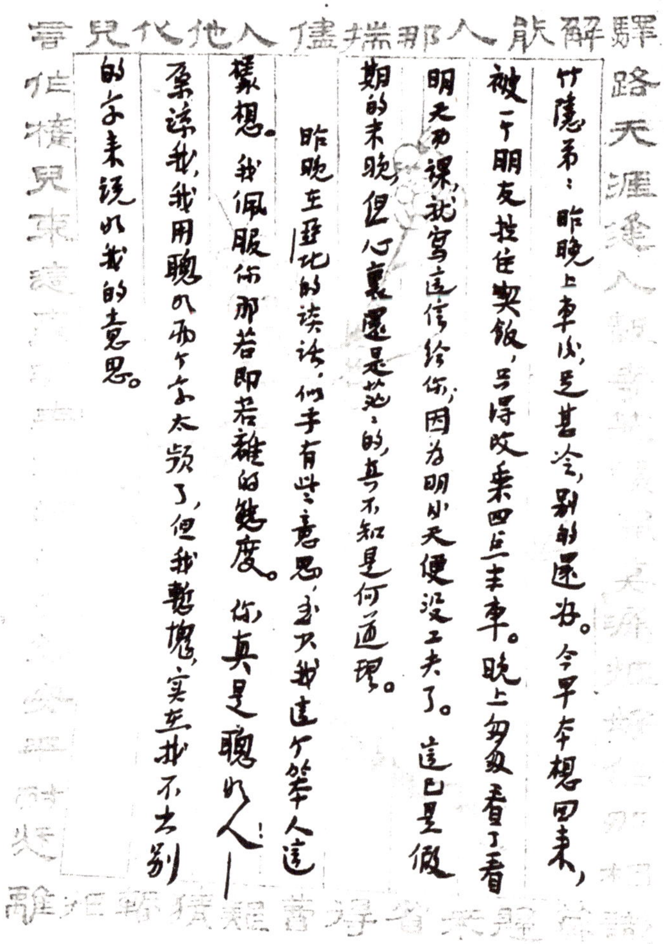
竹隱弟：昨晚上車後，足甚冷，別的還好。今早本想回來，被一個朋友拉住喫飯，只得改乘四點半車。晚上匆匆看了看明天功課，就寫這信給你，因為明後天便沒工夫了。這已是假期的末晚，但心裏還是茫茫的，真不知是何道理。

昨晚在亞北的談話，似乎有些意思，至少我這個笨人這樣想。我佩服你那若即若離的態度。你真是聰明人！——原諒我，我用聰明兩個字太頻了，但我慚愧，實在找不出別的字來說明我的意思。

昨晚在亚北[①]的谈话，似乎有些意思，至少我这个笨人这样想。我佩服你那若即若离的态度。你真是聪明人！——原谅我，我用聪明两个字太频了，

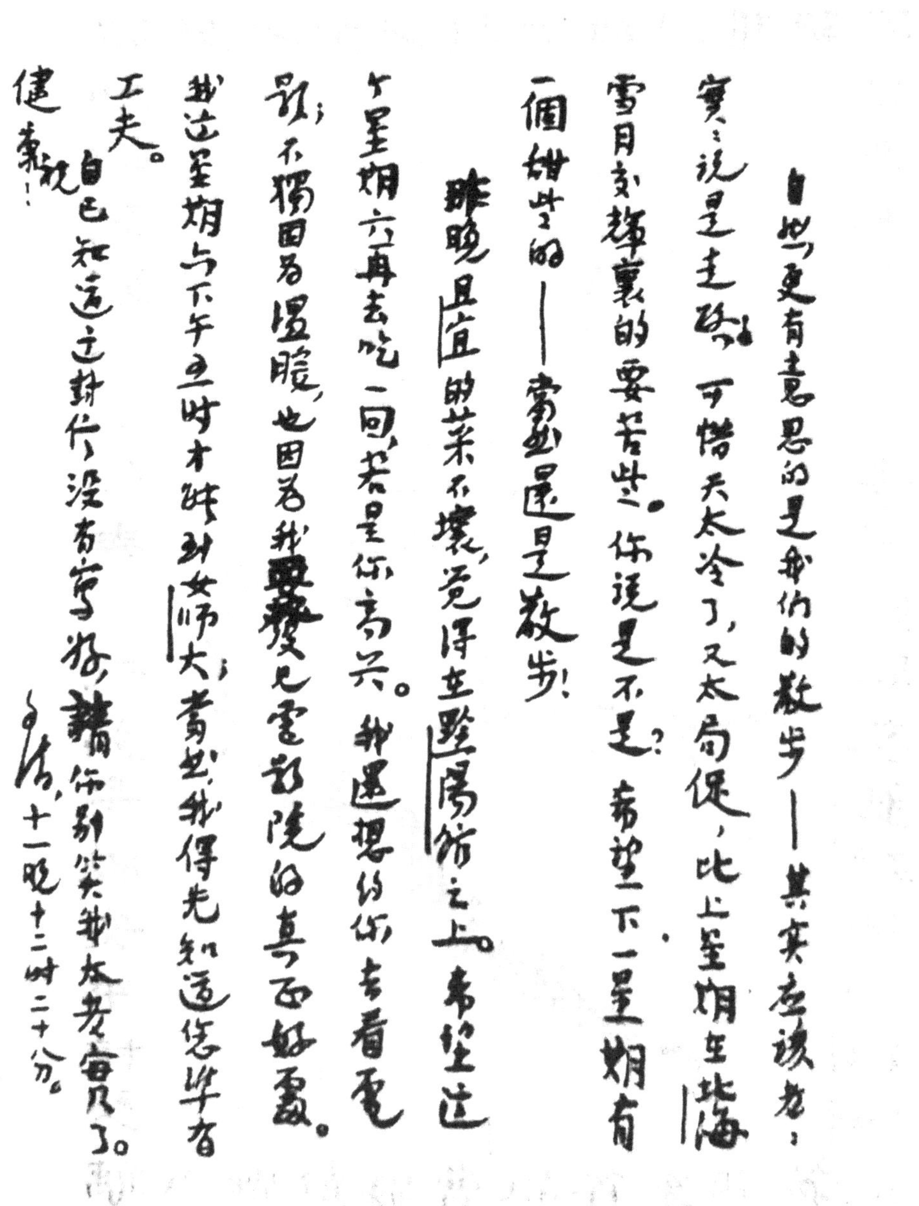
自然更有意思的是我们的散步——其实应该老老实实说是走路。可惜天太冷了，又太局促，比上星期在北海雪月交辉里的要苦些。你说是不是？希望下一星期有一个暖些的——实在还是散步！

昨晚且宜的菜不坏，觉得在豎陽館之上。希望这个星期六再去吃一回，若是你高兴。我还想约你去看电影；不独因为暖暖，也因为我爱见电影院的真正好处。我这星期与下午五时才能到女师大；看来我得先知道您毕有工夫。

自己知道这封信没有写好，请你别笑我太老实了。

祝
健康！

自清，十一晚十二时二十分。

但我惭愧，实在找不出别的字来说明我的意思。

自然，更有意思的是我们的散步——其实应该老老实实说是走路！可惜天太冷了，又太局促，比上星期在北海[②]雪月交辉里的要苦些。你说是不是？希望下一星期有一个甜些的——当然还是散步！

昨晚“且宜”的菜不坏，觉得在“黔阳馆”[③]之上。希望这个星期六再去吃一回，若是你高兴。我还想约你去看电影；不独因为温暖，也因为我要发见电影院的真正好处。

我这星期六下午五时才能到女师大；当然，我得先知道您准有工夫。

自己知道这封信没有写好，请你别笑我太老实了。

祝健康！

自清

（一九三〇年十二月）十一晚十二时二十分。

①亚北咖啡馆，位于北平西单路口。②北海，东临故宫、景山，南连中海，位于北平市中心，是北平城中风景最优美的地方，也是中国现存最古老、最完整、最具代表性的皇家园林之一。民国以前一直是帝王御苑，1925年辟为公园。③西黔阳饭馆，位于西长安街。那里有“八大春”等多家餐馆，是繁华的商业街区。

陈竹隐原信

笨人

自清兄：

十一日信悉。

我的态度是“若即若离”吗？我自己倒不觉得，我只发见自己太憨直了，太欠含蓄。

从来信中，我发现了新的原则：以“聪明”代“笨人”，以“笨人”代“聪明”；这样一来，似乎字典都非重行改编不可。而在新的字典未出版以前，这笔账仍然算不清楚，只有“由他去吧”！

原来散步还有“甜”与“不甜”之分？这也是第一次知道。很盼望能实际领教，一笑。

我才真是“笨人”呢。虽然常常出进电影院，竟连所谓“真好处”都不知道。是悠扬的音乐吗？是一幕一幕的影片吗？这问题又问得太傻了吧？但有什么办法呢？“笨人”永远只会发“傻问”的。

年假完了。这年假中虽然没有做什么事，但这一段短短的、微温的生活是值得记忆的，如果骄傲点说，这段生活是有诗意的。

星期六在女师大恭候，准备奉陪。祝好！

竹隐

第[3]封 名字

竹隐弟：

昨晚别后，即到同学会[1]，幸而有房子。但室内温度没有前晚住大旅社时的好，所以睡得不顶适意。一早就醒了，躺了一两点钟，想着香山[2]，想着北海，想着黔阳馆，想着昨晚走过的路径，想着一个人的名字！

这个人的名字，几乎费了我这个假期中所有的独处的时间！我不能念书，不能写信，甚至看报也迷迷糊糊的！我相信是个能镇静的人，但是天知道，我现在是怎样扰乱啊！希望这剩馀的几日，能够“平静”一些。可是，你知道，我怎能够呢？

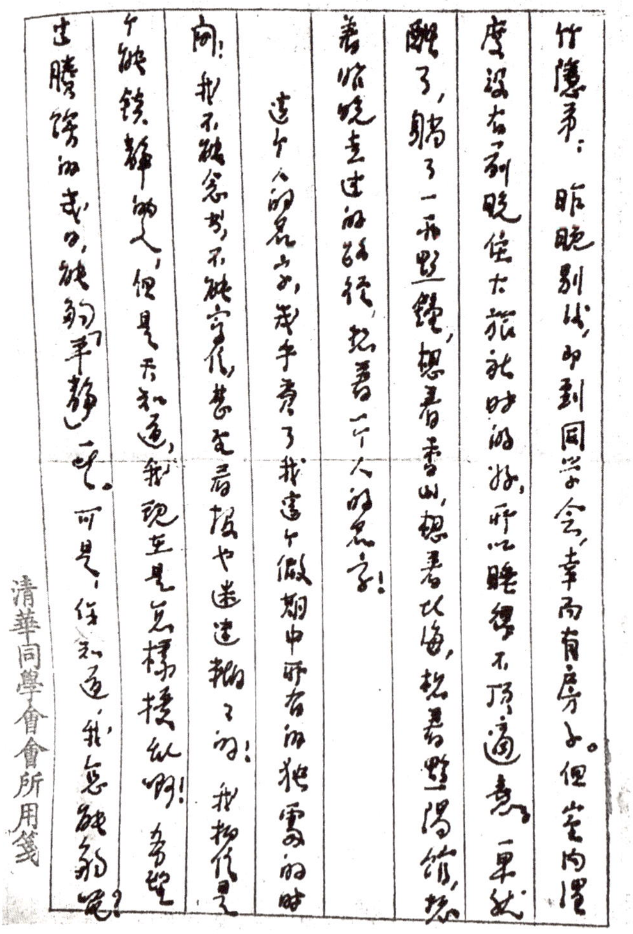
竹隐弟：昨晚别后，即到同学会，幸而有房子。但室内温度没有前晚住大旅社时的好，所以睡得不顶适意。一早就醒了，躺了一两点钟，想着香山，想着北海，想着黔阳馆，想着昨晚走过的路径，想着一个人的名字！

这个人的名字，几乎费了我这个假期中所有的独处的时间！我不能念书，不能写信，甚至看报也迷迷糊糊的！我相信是个能镇静的人，但是天知道，我现在是怎样扰乱啊！希望这剩馀的几日，能够平静一些。可是，你知道，我怎能够呢？

清華同學會會所用箋

这个人的聪明教我喜

悦；但是现在，似乎又教我担心。她昨晚上说，聪明人很利害，不会像现在这样；可是你知道，真聪明的人，有些事是“不在乎”的。这个“不在乎”，我觉得有意思，又觉得有些不可测似的。而她，你知道，就是这种“不在乎”的女人！

这些无聊的话，希望不至于使你厌倦。我今天也许走不成，但明日上午一定得走了。本想看一看故宫，可惜来不及了。你若有工夫，可不可以就给我一封信！

T.T.C.

（一九三一年一月）三日早

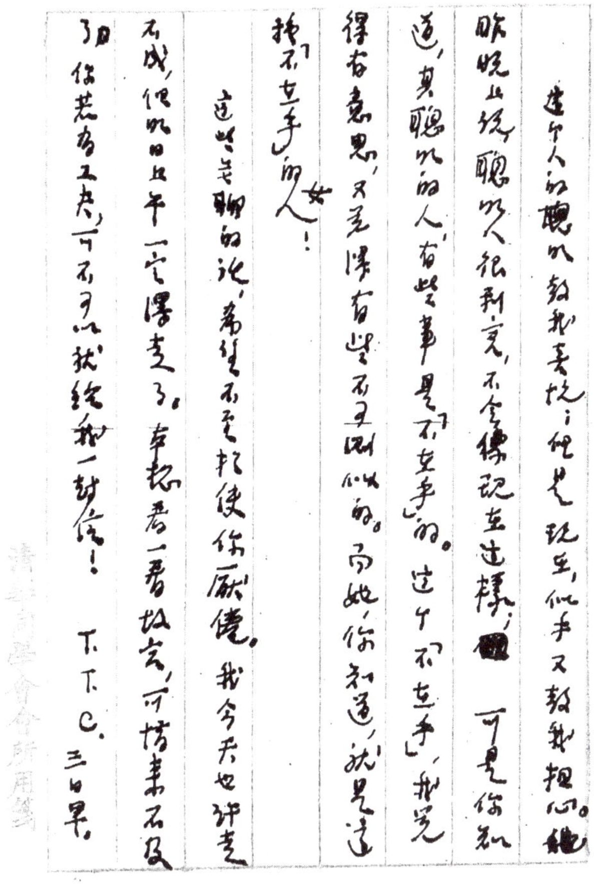

这个人的聪明教我喜悦；但是现在，似乎又教我担心。她昨晚上说，聪明人很利害，不会像现在这样； 可是你知道，真聪明的人，有些事是不在乎的。这个“不在乎”，我觉得有意思，又觉得有些不可测似的。而她，你知道，就是这种“不在乎”的女人！

这些无聊的话，希望不至于使你厌倦。我今天也许走不成，但明日上午一定得走了。本想看一看故宫，可惜来不及了。你若有工夫，可不可以就给我一封信！

T.T.C.

三日早

①清华同学会，位于北平骑河楼大街。②香山，位于北平西郊，有碧云寺、见心斋、香炉峰、西山晴雪碑、玉华山庄等胜景。每至深秋，遍山红叶，瑰丽无比，是观赏红叶的好去处。

第 [4] 封 看剧

竹隐弟：

星期一的信该到了。昨天起就盼你的回信，但是到现在还不见！我猜不出这个缘故，希望这是邮政局的错处！

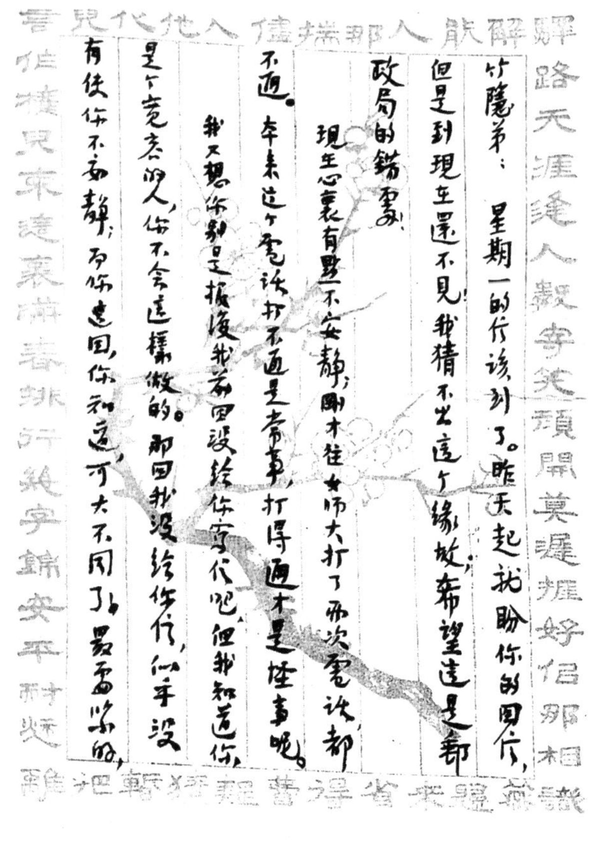
竹隱弟：　星期一的信該到了。昨天起就盼你的回信，
但是到現在還不見！我猜不出這個緣故，希望這是郵
政局的錯處！
現在心裏有點不安靜；剛才往女師大打了兩次電話，都
不通。本來這個電話打不通是常事，打得通才是怪事呢。
我又想你別是報復我前回沒給你寫信吧，但我知道你
是個寬容的人，你不會這樣做的。那回我沒給你信，似乎沒
有使你不安靜；而你這回，你知道，可大不同了！最要緊的，

现在心里有点不安静；刚才往女师大打了两次电话，都不通。本来这个电话打不通是常事，打得通才是怪事呢。

我又想你别是报复我前回没给你写信吧，但我知道你是个宽容的人，你不会这样做的。那回我没给你信，似乎没有使你不安静；而你这回，你知道，可大不同了！最要紧的，我不知道这个星期六你还有没有工夫！

昨晚跟了德文班的学生到北京饭店①去听德国人演《浮士德》②。听是一

句听不懂，但看神气那女主角做得似乎不错；尤其是唱的一支歌，旖旎入人。我们晚八点去，两点才回校；因为今早还有课。

假使你真没有回我的信而还许我星期六来看你的话，希望明晚，或后日早十时半至十二时，打个电话给我！

敬祝安好！

自清

（一九三一年）一月十五日下午四时半

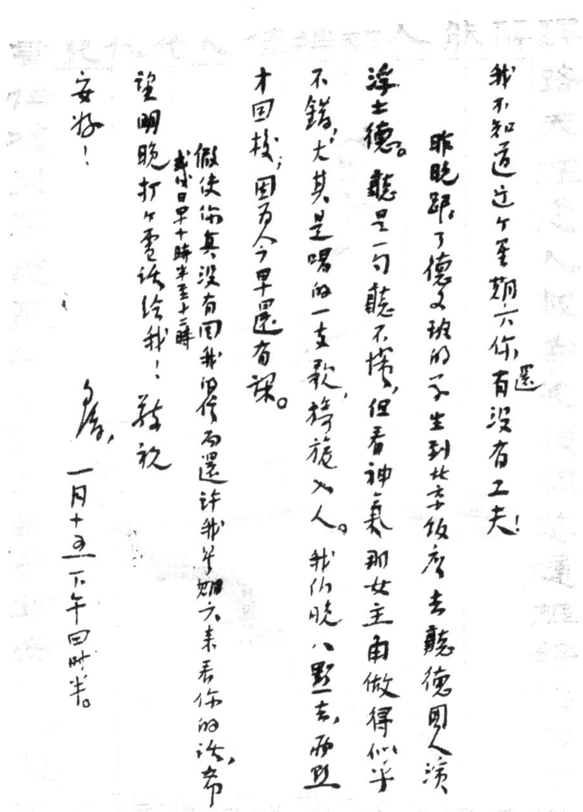
我不知道这个星期六你还有没有工夫！
昨晚跟了德文班的学生到北平饭店去听德国人演浮士德。听是一句听不懂，但看神气那女主角做得似乎不错，尤其是唱的一支歌，旖旎入人。我们晚八点去，两点才回校；因为今早还有课。
假使你真没有回我的信而还许我星期六来看你的话，希望明晚或后日早十时半至十二时打个电话给我！敬祝
安好！
清
一月十五下午四时半。

①北京饭店，位于东长安街王府井南口，始建于1900年。建筑为中西结合式古典风格，装修豪华，气宇轩昂。由法国人经营多年，是北平最具代表性的高级饭店之一。②《浮士德》，五幕法语歌剧，题材取自德国作家歌德的同名诗剧第一部分，法国作曲家古诺作曲，法国人巴比亚和卡雷编剧，1859年首演于巴黎。歌剧《浮士德》被誉为世界“十大歌剧”之一。

第[5]封 饮酒

隐弟：

昨早发一信，想收到了。今日下午接到你的信，感谢！

你最近的三封信写得真好。今天这封信我在百忙中看了三遍：上星期六那一封，看的遍数更多，不用说！我们初认识的时候，原谅我，我真没有想到你会写这样有力量有风趣的信！

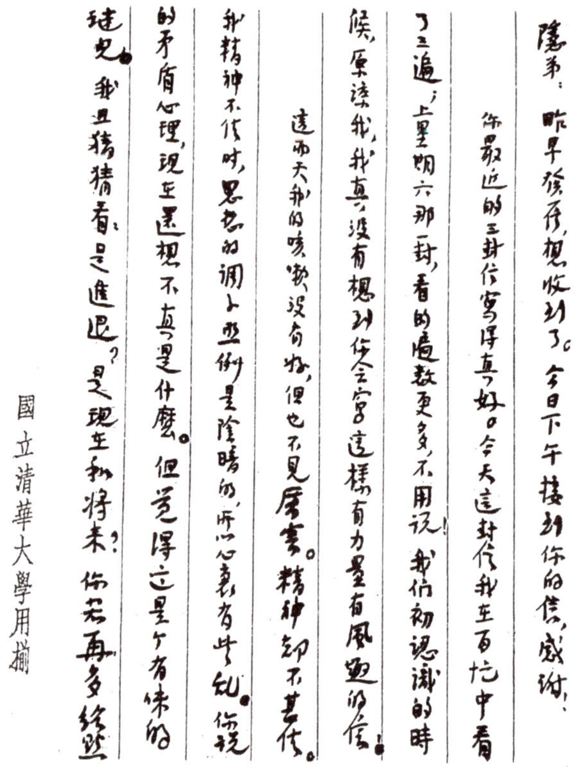
隱弟：昨早發信，想收到了。今日下午接到你的信，感謝！
第　頁
你最近的三封信寫得真好。今天這封信我在百忙中看了三遍；上星期六那一封，看的遍數更多，不用說！我們初認識的時候，原諒我，我真沒有想到你會寫這樣有力量有風趣的信。
這兩天我的咳嗽沒有好，但也不見厲害。精神卻不甚佳。我精神不佳時，思想的調子照例是陰暗的，所以心裏有些亂。你說的矛盾心理，現在還想不真是什麼。但覺得這是個有味的謎兒。我且猜猜看：是進退？是現在和將來？你若再多給點
國立清華大學用牋

这两天我的咳嗽没有好，但也不见厉害。精神却不甚佳。我精神不佳时，思想的调子照例是阴暗的，所以心里有些乱。你说的矛盾心理，现在还想不真是什么。但觉得这是个有味的谜儿。我且猜猜看：是进退？是现在和将来？你若再多给点暗示，相信我一定会猜着的。唉！想不到一个用得极熟的典故，竟难倒了一位国文先生！

你论饮酒，像个有经

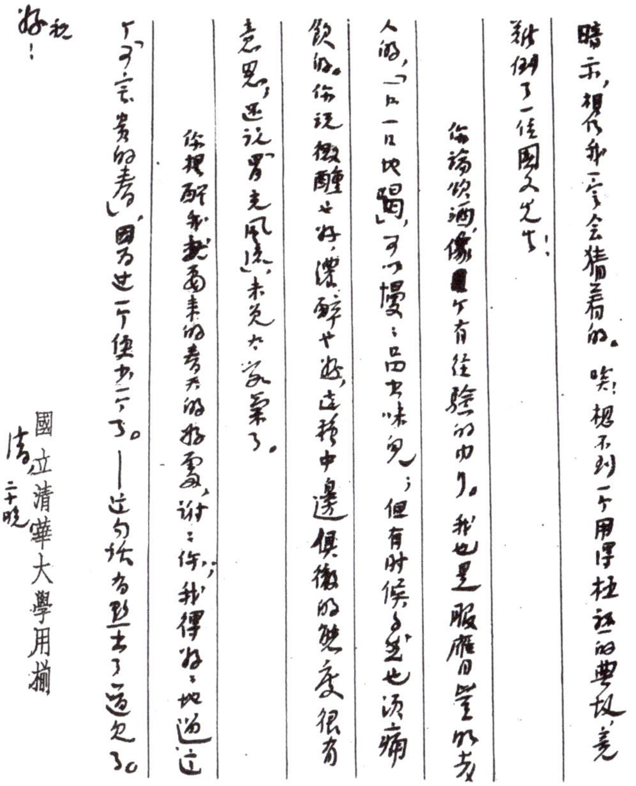

第　页

暗示，想你们一定会猜着的。唉！想不到一个用俚语的典故，竟难倒了一位国文先生！

你谈饮酒，像是个有经验的内行。我也是服膺岂明老人的，「一口一口地喝」，可以慢慢品出味儿；但有时候自然也须痛饮的。你说微醺也好，浓醉也好，这种中边俱彻的态度很有意思；还说冒充风流，未免太客气了。

你提醒我就要来的春天的好处，谢谢你；我得好好地过这个「可宝贵的春」，因为过一个便少一个了。——这句话有点出了道儿了。

祝好！

清 二十晚

國立清華大學用牋

验的内行。我也是服膺岂明老人[①]的，“一口一口地喝”，可以慢慢品出味儿；但有时候自然也须痛饮的。你说微醺也好，浓醉也好，这种中边俱彻的态度很有意思；还说“冒充风流”，未免太客气了。

你提醒我就要来的春天的好处，谢谢你；我得好好地过这个“可宝贵的春”，因为过一个便少一个了。——这句话有点出了道儿了。

祝好！

清

（一九三一年）一月二十日晚

①周作人（1885~1967），散文家、文学理论家、评论家、翻译家。浙江绍兴人，鲁迅（周树人）二弟。原名櫆寿，又名启明、启孟、起孟，笔名有岂明等多个。与朱自清相熟。

陈竹隐原信

微醉

佩哥：

幕，既已经是渐渐地揭开，称谓自然可以遵命更改。只是，我对于这“幕”的揭开发生了两种不同的矛盾心理。聪明人，自然能窥测到是怎样的一种矛盾？

“微温”的解释觉得欠明白吗？好，在这里再申说一句：“微温”就是“微醉”，微醉自然是有异于痛醉了。大概世间善于饮酒的人总是赞美微醉吧？岂明老人说过酒要“一口一口地喝”，这是有很深的含义，可以移用到某些事上，我觉得。

我固然不是善饮者，但在美酒当前时，无论是“微醉”也好，“痛醉”也好，都愿意步名士们的后尘冒充风流。

盼信乃至于“废寝”吗？那我真是死罪！不过这责任邮差得负一半，我也曾怀疑过邮差是有意作弄人。

春又快来到人间了！这个春我想当是分外的醉人。不信看着，春光一定分外的明媚，春花一定分外的娇艳，只是人们应该怎样度过这一个可宝贵的春！

一礼拜两封信的预约，我绝对遵守，不过“礼尚往来”，古有明训，这一点请不要忘记了。

隐妹

第 [6] 封 沉默

隐弟：

前日送你们上车后，我去俞宅[①]吃了饭；本想早些睡，浦先生[②]来了，谈他的事情，并让我教给他打“叫卖桥”[③]的方法。我本来倦极了，但浦来使我高兴，我们一直谈到电灯灭后半点钟，正与和你们那晚上谈的时候一样。昨天起得很晚，下午上燕大去考[④]，一天就完了。晚上九点就睡，但今早不到七点便醒。这已成了惯例，惊醒我的总是那么一个名字！这两夜因为太疲倦了，做了许多零零碎碎的梦，但醒来半星儿也记不得，这是多可惜啊，你说。

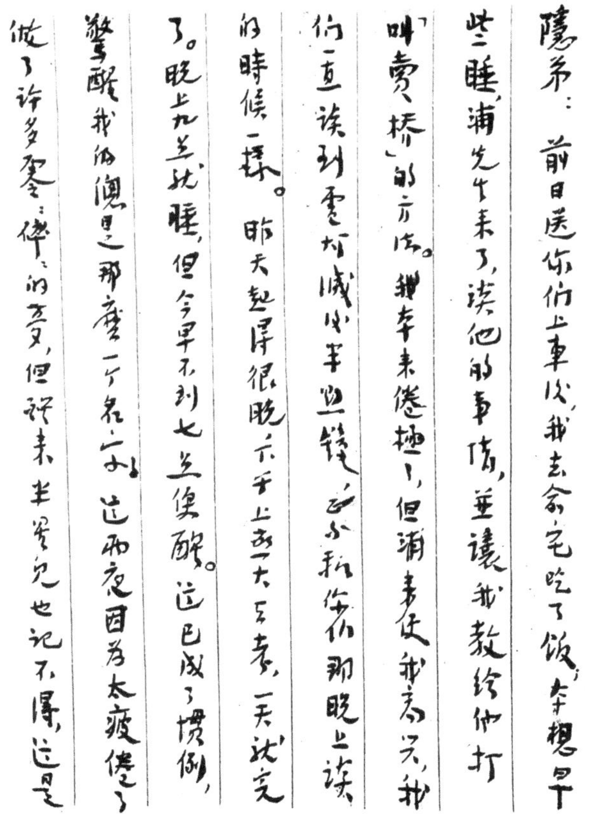
隱弟：前日送你們上車後，我去俞宅吃了飯；本想早些睡，浦先生來了，談他的事情，並讓我教給他打「叫賣橋」的方法。我本來倦極了，但浦來使我高興，我們一直談到電燈滅後半點鐘，正與和你們那晚上談的時候一樣。昨天起得很晚，下午上燕大去考，一天就完了。晚上九點就睡，但今早不到七點便醒。這已成了慣例，驚醒我的總是那麼一個名字。這兩夜因為太疲倦了做了許多零零碎碎的夢，但醒來半星兒也記不得，這是

这一回我们的谈话，似乎有一点和从前不同的地方，就是我们已渐渐地不大矜持了。这一层我想你也会觉得的。相当的矜持，或闪烁，在我看是免

多可惜呀，你說。

這回我們的談話，似乎有一點和從前不同的地方，就是我們已漸漸地不大矜持了。這一層我想你也會覺得的。相當的矜持或隔膜，在我看是免不了也少不了的，這是一種趣味——至少是我的趣味；但太量的脫略更是必要，這樣，談話才是一種美妙的休息。這回我們的談話，還有一件我從前沒看到的好處，就是沈默的意味。這兩日我們有過兩个短時的沈默，有一次我曾問你為甚麼不說話，你回答「沒有話說」。這一句是多麼笨拙而又是多麼聰明呢！沒有說的話，用不着說的話，點點地閃在嘴唇裏，這是「沒有話說」，不是「沒有話」。這種沈默的豐富遠勝于說話了。况且沈從文說过，口本來不是用了說話的，言語的力量是何等微弱呢？古詩有「脈脈不得語」的句子，彷彿引為深恨；這是「不得語」之故，若「得語」而「忘言」，那麼「脈脈」實在是很好的，你說是不是？

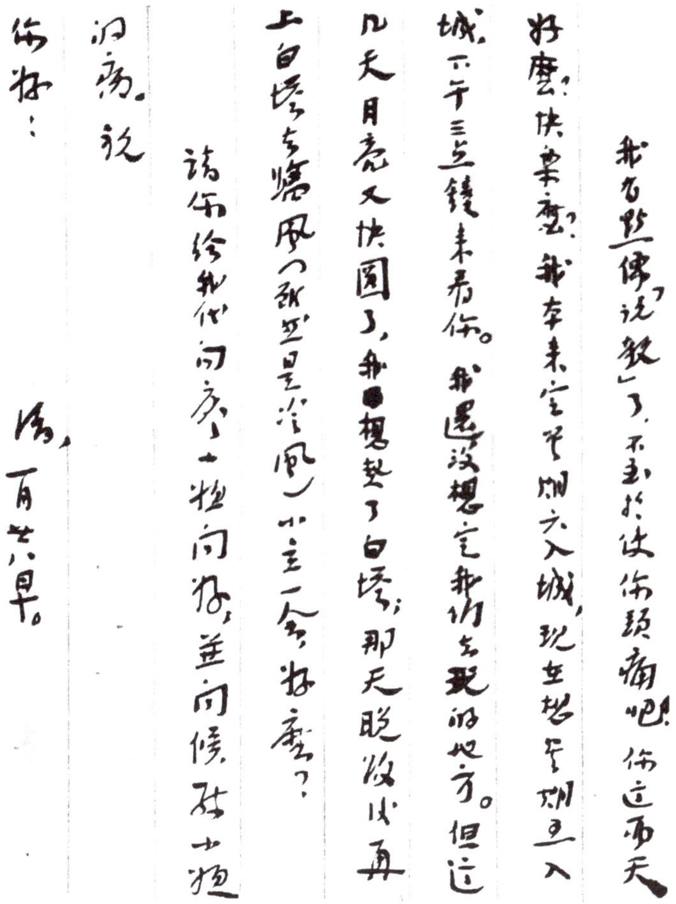

我忽然「佛说教」了，不至于使你头痛吧！你这两天
好么？快乐么？我本来定早晨六点入城，现在想定明天入
城，下午三点钟来看你。我还没想定我们去玩的地方。但这
几天月亮又快圆了，我[illegible]想起了白塔；那天晚饭以后再
上白塔去临风（我是说"望风"）小立一会好么？
请你给我代问房东一声问好，并问候孙小姐
问房。说
你好！
清，自 廿六早。

不了也少不了的，这是一种趣味——至少是我的趣味；但大量的脱略更是必要，这样，谈话才是一种美妙的休息。这一回我们的谈话，还有一件我从前没看到的好处，就是沉默的意味。这两日我们有过两个短时的沉默；有一次，我曾问你为什么不说话？你回答"没有话说"。这一问是多么笨，而这一答是多么聪明呢！没有说的话，用不着说的话，紧紧地关在嘴唇里，这是"没有话说"，不是"没有话"。这种沉默的丰富远胜于说话了。况且沈从文[⑤]说过，口本来不是用了说话的，言语的力量是何等微弱呢？古诗有"脉脉不得语"[⑥]的句子，仿佛引为深恨，这是"不得语"之故；若"得语"而"忘言"，那么"脉脉"实在是很好的，你说是不是？

我有点像“说教”了，不至于使你头痛吧！你这两天好么？快乐么？我本来定星期六入城，现在想星期五入城，下午三点钟来看你。我还没想定我们去玩的地方。但这几天月亮又快圆了，我想起了白塔⑦；那天晚饭后再上白塔去临风（虽然是冷风）小立一会，好么？

请你给我代向廖小姐问好；并问候敬小姐的病。祝你好！

清

（一九三一年）一月廿八日早

---

①俞平伯（1900~1990），诗人、作家、学者。原名铭衡，字平伯，以字行。浙江德清人，清代朴学大师俞樾曾孙。当时他任清华大学中文系教授，住家清华园。俞平伯是朱自清同事，也是朱自清的终身挚友。②浦江清（1904~1957），学者，江苏松江人。1926年东南大学外语系毕业，经吴宓推荐到清华国学研究院担任陈寅恪助教。后转中文系任教。与朱自清友善。③指桥牌的一种叫牌方法。④1929年秋，朱自清在清华大学新开设“中国新文学研究”课，系统介绍“五四”以来的新文学。这是中国新文学第一次走进大学课堂，受到学生欢迎。燕京大学闻讯也邀请朱自清去该校兼开此课。于是，朱自清需要去主持考试，并如下文所述，还须阅改学生考卷。⑤沈从文（1902~1988），作家，历史文物研究家。原名岳焕，字崇文，湖南凤凰人。十四岁投身行伍，浪迹湘川黔边境地区，1924年开始文学创作。先后在中国公学、青岛大学、西南联合大学、北京大学任教。新中国成立后任中国历史博物馆、中国社会科学院历史研究所研究员。沈从文在北平和昆明期间与朱自清关系均相当密切。⑥《古诗十九首·迢迢牵牛星》：“迢迢牵牛星，皎皎河汉女。纤纤擢素手，札札弄机杼。终日不成章，泣涕零如雨。河汉清且浅，相去复几许。盈盈一水间，脉脉不得语。”⑦妙应寺，俗称白塔寺，位于阜成门内大街，寺内白塔是中国现存年代最早、规模最大的喇嘛塔。逢年过节，这里的庙会吸引四方游客，热闹非凡。

第[7]封 春天

隐弟：

今日午发一信。不久就接到来信，你的话句句都有意思！论“上帝”的几节，更是透达；你像一颗水晶球，上面栖不住半星儿尘土。但我究竟也没有什么秘密的，我只是在等着一件事；这件事定了，一切计划便也容易定了。我想你猜得出这是一件什么事。你问我怎样度过就要来到的春天，我现在只能说我有很好的期待；好在春天就要来到，咱们总会知道怎么办的。春天可以给人力量，正如它给花草以力量。我知道你是懂得我的，隐弟，我更愿意你能相信我！

我的肠胃还未复原；也许不久要上协和①检查身体去。谢谢你的关切！我的身子还觉得倦，不多写了，星期五见。祝好！

手边没有像样的信纸和笔，原谅我！

清

（一九三一年一月）二十八日晚十二时半

---

①协和医院，位于大木仓胡同，由洛克菲勒基金会创办于1921年，是北平最好的医院之一。

總理遺囑

余致力國民革命凡四十年，其目的在求中國之自由平等。積四十年之經驗，深知欲達到此目的，必須喚起民衆，及聯合世界上以平等待我之民族，共同奮鬥。現在革命尚未成功。凡我同志，務須依照余所著建國方略、建國大綱、三民主義及第一次全國代表大會宣言，繼續努力，以求貫徹。最近主張開國民會議及廢除不平等條約，尤須於最短期間，促其實現。是所至囑！

革命尚未成功

隱弟：

今日午發一信。不久就接到來信，你的話句句都有意思！論「上帝」的說法更是透達；你像一顆水晶球，上面栖不住半星兒塵土。但我究竟也沒有什麼秘密的，我只是在等着一件事；這件事完了，一切計畫便也容易定了。我想你猜得出這是一件甚麼事。你向我怎樣度過就要來到的春天，我現在只能說我有很好的期待；好在春天就要來到，咱們總會知道怎麼辦的。春天可以給人力量，正如它給花草以力量。我知道你是懂得我的隱弟，我更願意你能相信我！

我的腸胃還未復原；也許不久要上協和檢查一下去。謝謝你的關切！我的日子還是過得，不多寫了，再相見。祝

好！

手邊沒有像樣的信箋和筆，原諒我！

清 廿八晚十二時半。

同志仍須努力

國立清華大學用箋

天下為公

陈竹隐原信

“上帝”

佩哥：

清华归来，心里总觉得忽忽，若有所失，为了什么？也只有“上帝知道”。

据说，近来的“上帝”颇为忙碌，因为他凭空的要耽心了人间的一件事。你不是也说过吗？你心里的密秘只有“上帝”才知道。

我想，总会有那么一天，“上帝”他忽然不愿分担人间的事了，竟大刀阔斧地把一切密秘都揭示出来，那是多么有趣而使人惊异的事啊！

其实，“上帝”无论怎样聪明，怎样风韵，他才真不能了解到隐藏在心底的秘密而为之耽心呢！不过，人们到了无可奈何时，总喜欢把责任交付给他，他自然只好无条件地接受着，这话你也认为有相当理由吗？

“矛盾”问题，我想你并不是猜不透，不过佯为不知罢了。那，我也就佯为不能再解说，让人间多一个谜，就多一点含蓄，多一件韵事，不更好吗？

想不到居然有人承认我“娇”。我觉得“娇”字很美丽，很有诗意，只可惜我不配；加在我身上未免滥用了。

既宣言不轻易放过这个未来的春，然则，将怎样度过呢？愿闻教！俾便学步。

上礼拜因忙，破坏了“两封信”的预约，在这里请罪！

陈竹隐

第[8]封 整理

竹隐：

昨天别后就乘电车到琉璃厂[1]。但代友人定杂志的事，并未办成；因为杂志价目不对了。我便到一家裱画铺里取回裱的立轴与对联，总算还不白跑。晚六点车回校，洗了澡便睡。

今天扩充房屋，照你的意思将床与柜搬入东屋，西屋便宽大多了。我在壁上挂上新裱的字，又将你所谓“烂报纸”嘱工人稍加整理，移入东屋破书架上。两屋皆觉焕然，虽不算“一新”，也可算半新了。你下次来时，当不至像前两回那样感到转不过身的逼仄了。

你昨天在吴家住，还是回校？廖小姐后来到吴家去么？她们在市场不知是怎样逛的？廖小姐到“明明”去了没有？她对于那些照相的意见怎样？

今天下午来了两个客，谈话时间很长。本想看卷，竟没看成。明天决定看一天卷子。近来做事实在太因循了。祝你好！

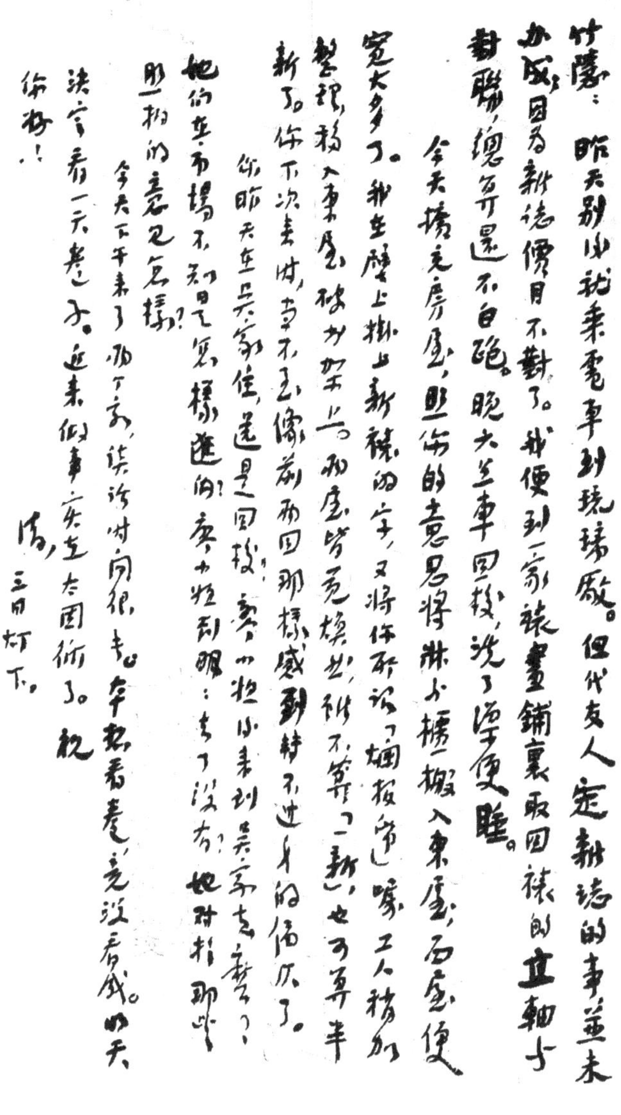
竹隐：昨天别后就乘电车到琉璃厂。但代友人定新志的事并未办成，因为新志价目不对了。我便到一家裱画铺里取回裱的立轴与对联，总算还不白跑。晚六点车回校，洗了澡便睡。

今天请老房东照你的意思将桃木橱搬入东屋，西屋便宽大多了。我在壁上挂上新裱的字，又将你所说“烟投箱匣”嘱工人移加整理，移入东屋。被分架上与那屋皆觅模出，虽不算“一新”，也可算半新了。你下次来时，当不至像前两回那样感到静寂不进来的偏见了。

你昨天在吴家住，还是回校？秀小姐小来到吴家去整了？她们在市场不知是怎样逛的？秀小姐到明天去了没有？她对于那些照相的意见怎样？

今天下午来了两个客，谈许时间很长。本想看书，竟没看成。明天决定看一天书了。近来似乎实在太困倦了。祝

你好！

清，

三日灯下。

清

（一九三一年二月）三日灯下

---

①琉璃厂大街，位于北平和平门外。这里有众多的旧书店和出售文房四宝、古玩字画的店铺，文化氛围浓郁，是文人书生爱逛的“京都雅游之所”。1927年建和平门后，将琉璃厂大街分为东、西琉璃厂。东琉璃厂以古玩业为主，西琉璃厂以旧书业为主。

第 [9] 封 阅卷

隐弟：

昨早发一信，想收到了。但你为什么又没有信给我呢？

回校三天，只看完燕大的考卷，别的时间都消耗在访问与见客两件事上。今夜想发愤看完清华考卷，但不知做得到否。

你的伤风病已痊愈否？极念！我胃痛从昨天起已好。但真费了不少力量，才能勉强节食；我在这一点上，有些小孩脾气。

星期日下午二时半想来看你；希望你能等我！祝好！

清

（一九三一年）二月五日灯下

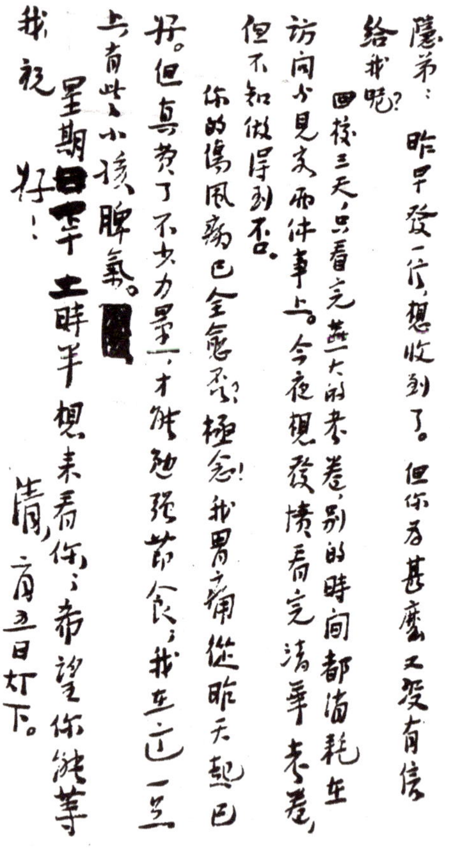
隱弟：

昨早發一信，想收到了。但你為甚麼又沒有信給我呢？

回校三天，只看完燕大的考卷，別的時間都消耗在訪問與見客兩件事上。今夜想發憤看完清華考卷，但不知做得到否。

你的傷風病已痊愈否？極念！我胃痛從昨天起已好。但真費了不少力量，才能勉強節食；我在這一点上，有些小孩脾氣。

星期日下午二時半想來看你；希望你能等我！祝好！

清，二月五日灯下。

第 [10] 封 看医

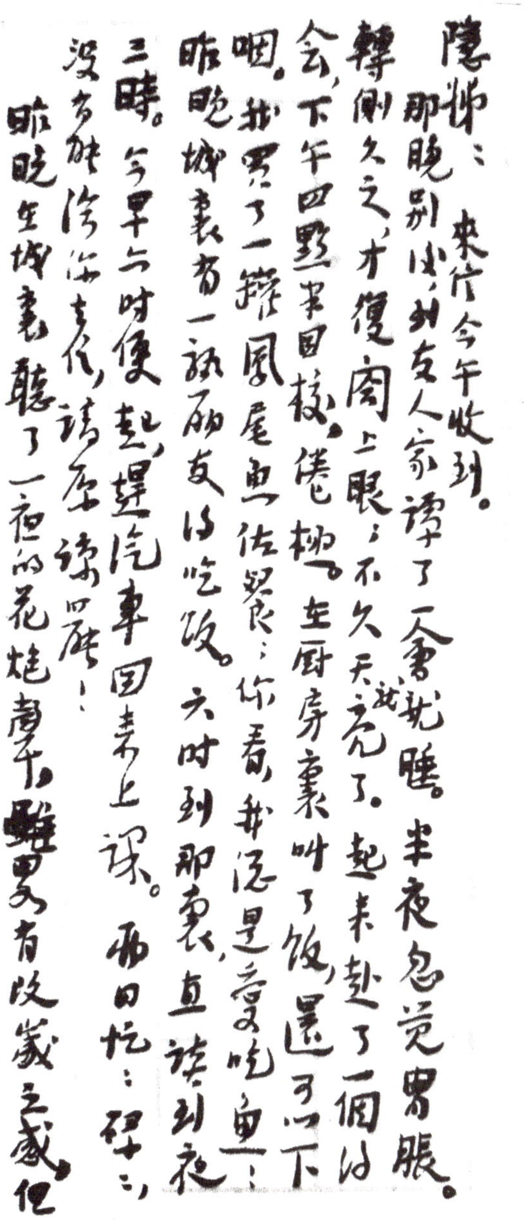
隱姊：
來信今午收到。
那晚別後，到友人家談了一會就睡。半夜忽覺胃脹。轉側久之，才復闔上眼；不久天就亮了。起來赴了一個約會，下午四點半回校。倦極。在廚房裏叫了飯，還可以下咽。我買了一罐鳳尾魚佐餐；你看，我總是愛吃魚！昨晚城裏有一熟朋友約吃飯。六時到那裏，直談到夜三時。今早六時便起，趕汽車回來上課。兩日忙忙碌碌，沒有能給你去信，請原諒罷！
昨晚在城裏聽了一夜的花炮聲。雖略有改歲之感，但

隐姊：

来信今午收到。

那晚别后，到友人家谈了一会就睡。半夜忽觉胃胀。转侧久之，才复合上眼；不久天就亮了。起来赴了一个约会，下午四点半回校，倦极。在厨房里叫了饭，还可以下咽。我买了一罐凤尾鱼佐餐；你看，我总是爱吃鱼！昨晚城里有一熟朋友约吃饭。六时到那里，直谈到夜三时。今早六时便起，赶汽车回来上课。两日忙忙碌碌，没有能给你去信，请原谅罢！

昨晚在城里听了一夜的花炮声，虽略有改岁之感，但也“马马虎虎”地过去了。这不算是“无聊”，可也不算是有“意思”。

昨天去看了大夫。他教我饮食注意，胃就可复原。又给了一些帮

也「瞎瞎混混」地過去了。這不算是「無聊」，可也不算是有意思」。

昨天去看了大夫。他教我飲食注意，胃就可復原。又給了些、幫助消化的藥粉。昨今兩日居然好好地過去了，昨晚和今晚都有改良，而且我都喝了粥。我看大夫由于你的勸告，在這裏謝謝你！

你說你「情緒不佳」，怕是自修的關係；你近兩日覺得好些了？希望你善自寬解，「莫思身外無窮事」，是很有味的一句話。

你说江小姐让你上南京去，问问我的意见。我想了一回，觉得决定不下这件事，因为这是很难决定的。但你若真去南京，对于你此地的朋友们，是一种损失，这却是一定的。

你这几天去玫瑰？我劝你去走走，假使你不怕风的话。因为年岁（不管你高兴不高兴）多去可以使人忘记别的事；昨晚勇去障走了我十分钟，为此亲戚，故以奉告。

璐如女士均此致意！祝

你康健！

你的 十七 灯下，即写原元旦。

助消化的药粉。昨今两日居然好好地过去；虽然昨晚和今晚都有饭局，而且我都喝了酒。找大夫出于你的劝告，在这里谢谢你！

你说你“情绪不佳”，怕是身体的关系；你这两日觉得好些否？希望你善自宽解！“莫思‘身’外无穷事”，是很有味的一句话。

你说江小姐让你上南京去；你问问我的意见。我想了一回，觉得决定不下这件事，因为这是很难决定的。但你若真去南京，对于你此地的朋友们，是一种损失，这却是一定的。

你这几天出去玩么？我劝你出去看看，假使你已不怕风的话。因为年景（不管腐败不腐败）多少可以使人忘记别的事；昨晚曾在西单[1]走了几十分钟，有此实感，故以奉告。

琼如女士均此致意！祝你佳健！

清

（一九三一年二月）十七日灯下，即旧历元旦

①西单大街，位于西长安街，得名于西单牌楼，是一商业繁盛的街区。西单牌楼于1923年被拆除，2008年复建。

第[11]封 电影

竹隐姊：

前发一信，想收到了。

你这两天身体好么？念念！

今天因为有个朋友新到北平，我特地入城招待他。城里的“年”味甚足，在清华园是看不着的。看着了不免有怅怅之感！我们下午看《流氓皇帝》[①]的电影。据说这是《璇宫艳史》后的名片，我看了觉得情节似乎没有后者的新鲜；但布景和色彩确是华丽（你已看过这个电影否？）。美国人真有钱，真令人叹为观止。晚上陪这位朋友到十一点。我一个人又到交通饭店看了一回跳舞。遇见一个熟人，他告诉我什么是狐步，瓦兹，勃留兹[②]，算是得了些新知识。这真是乡下人进城了！

星六下课，仍到练琴室奉访。我的胃病较好，但未全好。知念并告。祝好！

自清

清华同学会，星四晚一时

①《流氓皇帝》，美国派拉蒙影业公司1930年出品，是一部以法国路易十一时代巴黎宫廷为背景的彩色古装爱情片。②华尔兹舞，布鲁斯舞，都是当时流行的交谊舞。

你已看过
这个电影
么？

竹隐弟：

前发一信，想收到了。

你这两天身体好么？念念！

今天因为有个朋友新到北平，我特地入城招待他。城里的"年"味甚足，是清华园里看不着的。看着了不觉有怅怅之感！我们下午看《流氓皇帝》的电影，据说这是根据历史做的名片，我看了觉得情节似乎没有什么出色的新鲜；但布景和色彩确是华丽。美国人真有钱，真令人艳羡也。晚上陪这位朋友到十一点，我一个人又到了通饭店，看了一回跳舞，遇见一个朋友，他告诉我什么是狐步，及家，都很新，我总是得了些新知识。这真是乡下人进城了！

我今天下午，仍到佛教学会去学诗。我的胃病较好，但未全好。

祝

念蓝先生祝

好！

自清

清华园一月廿八日晚一时。

第贰章 爱情的味道

自从那次美好的相遇之后，两人开始交往起来。他们相约一起吃饭、看电影、逛公园、赏红叶，一起品诗词歌赋。作为新时代的新女性，陈竹隐思想独立、新潮、大方，给了朱自清一种别样的感受。这是他第一次体验到爱情。从此，他的心里老是想着一个人的名字。这个人的名字，几乎占据了他所有独处的时间！

第[12]封 毛病

竹隐：

回来后读了你的信，颇为感动！你对我并没有一点不对的地方，并没有一句“得罪”我的话；这个我星期六已说过了。我也没有认识新朋友，也无所谓“快乐”，如你所猜的。但是这一月来，我的身体精神却都不很好，行动上也许有些颓唐；你所觉得的大约便是这个罢？我这个人有两样不小的毛病，一是思虑太多，二是因循；精神不好时更是如此。这也许正是中年人的表征吧？所思虑的无非是时代及自己的将来等等；这在别人或者用不着这样想，但我是从最近的启蒙时代[①]过来的人，便禁不住不想了。想来想去，所得的只是彷徨。现在正希望克服这种彷徨的性习，不知道有没有这个定力。

感谢你的态度！对于一个平凡的人像我，你实已给了太多的好意！——这个“太”字是北平的用法——感谢你！这封信本该昨晚写，但昨晚实在太倦了，又发了胃病，所以一直延到现在写，明天用快信寄给你。这些日子睡眠也太少，精神老是不能集中，这封信若有说错的地方，请原谅罢！记得在上星期六竹隱：回來後讀了你的信，頗有感動！你對我並沒有一點不對的地方，並沒有一句「得罪」我的話；這個我星期六已說過了。我也沒有認識新朋友，也無所謂「快樂」，如你所猜的。但是這一月來，我的身體精神都不很好，卻舉動上也許有些頹廢；你所覺得的大約便是這個罷了。我這個人有兩樣不好的毛病，一是思慮太多，二是因循，精神不好時更是如此。這也許正是中年人的表徵罷了。所思慮的無非是時代及自己的將來等等；這在別人或者用不着怎樣想，但我是從最近的過去時代過來的人，便禁不住不想了。想來想去，所得的就是彷徨。現在正希望克服這種彷徨的性習，不知道有沒有這個定力。

感謝你的態度！對于一個平凡的人像我，你實已給了太多的好意！——這個「太」字是也平的用法——感謝你！這封信本該昨晚寫，但昨晚實在太倦了，又發了胃病，所以一直延到現在寫，只好用快信寄給你。這些日子睡眠也不好，精神老是不能集中，這封信若有說錯的地方，請原諒罷！記得上星期六在北海時我無意中說了一句真不得罪人的話；那話我是想說了解釋的，但後來又像開玩笑似的。我知道那時候是不能說笑話的。那句話也請原諒吧。

明天一定再寫信來。星期六見！祝

你安好！

清，

二日晚。

在葆荣斋[2]无意中说了一句真正得罪人的话；那句话我是想说了解释的，但结果反像开玩笑似的。我知道那时候是不该说笑话的。那句话也请原谅吧。

后天一定再写一信奉寄。星期六见！祝你安好！

清

二日晚。

---

①1917年前后至20世纪20年代中叶，先进思想家以“科学”和“民主”为号召，在中国社会开展了一场声势浩大的思想启蒙运动，这场运动被称为五四新文化运动，这个时代被称为启蒙时代。②葆荣斋咖啡馆，顾客以女学生为多。20世纪30年代，它与西单牌楼的英林咖啡馆、东安市场的国强咖啡馆并称为北平三大咖啡馆。

第[13]封 元宵

竹隐：

三日的信收到了。我的胃现在又复原了，真是怪东西！谢谢你的关念！

上星期六我并没有生气，对于女士们，我是不大容易生气的，你信不信？

旧元宵的月色甚佳。报上说城里的节景热闹极了。恨不得到前门[1]外看一看，虽然是中年人，小孩子好玩儿的心理还是有的；但到底是中年人了，终于在清华园冷清清待着。

因为旧元宵，又想起“元宵”的滋味，大有馋涎欲滴之势。虽然有胃病，但馋还是照旧的，你不是说过“且宜”的元宵很好么？这星期六若你得闲，一同去试试，好吧？祝你安乐！

清

三，五

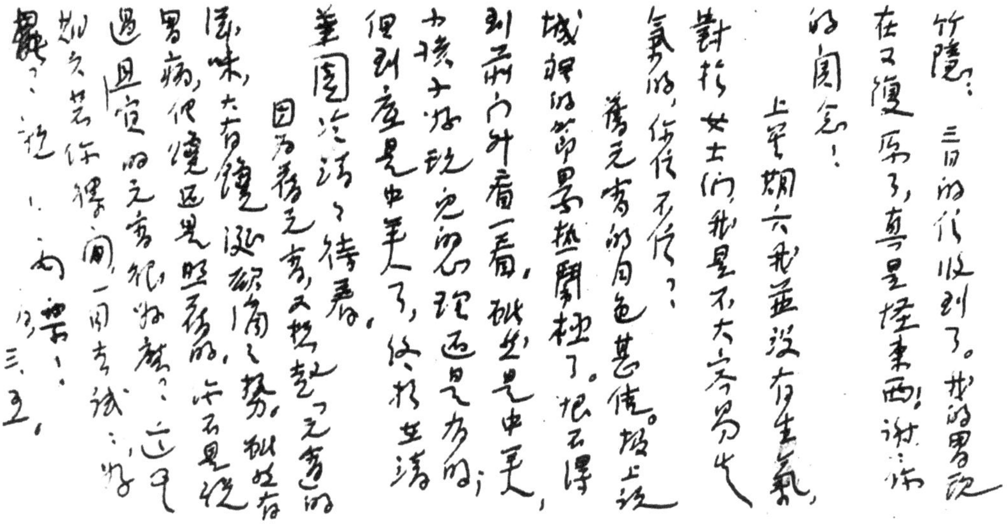
竹隐：三日的信收到了。我的胃现在又恢复原了，真是怪东西！谢谢你的关念！

上星期六我并没有生气，对于女士们我是不大容易生气的，你信不信？

旧元宵的月色甚佳。据上说城里的节景热闹极了。很想得到前门外看一看，那些是中年人，小孩子们玩儿的东西现在还是有的；但到底是中年人了，终于在清华园冷清清待着。

因为旧元宵，又想起“元宵”的滋味，大有馋涎欲滴之势。虽然有胃病，但馋还是照旧的，你不是说过“且宜”的元宵很好么？这星期六若你得闲，一同去试试，好吧？祝你安乐！

清

三，五

①正阳门俗称前门，是北京内城的正门。正阳门箭楼是老北京的象征，是北京人爱游览的场所。前门和它前面的大栅栏、珠市口一带，云集了众多商家，是北平最热闹繁华的商业区之一。

第[14]封 早车

竹隐：

星期日午到庆林春[1]，时候正好。你们到马宅，恐怕稍稍迟了些吧？那天该很热闹吧。你们什么时候回城来的？

那日下午同两个朋友从庆林春出来，顺便在真光摄影社[2]照了一张合影。晚上又有一个饭局，直到第二天早上回来。

星期一早车顶担心。因为怕人多挤不上。我们总算是先生，也不便和学生们去挤。但又怕到校迟，误了课。这回挤是挤上了，到校确迟了几分钟，但学生还未散去，总算好的。

这两天又起了风。北平什么都好。就这风有些可恨。但天下十全的事，本来是很少的，所以恨恨也就算了。

明天一定入城听“吉祥”[3]的戏，先谢谢你！

清

（一九三一年三月）十日

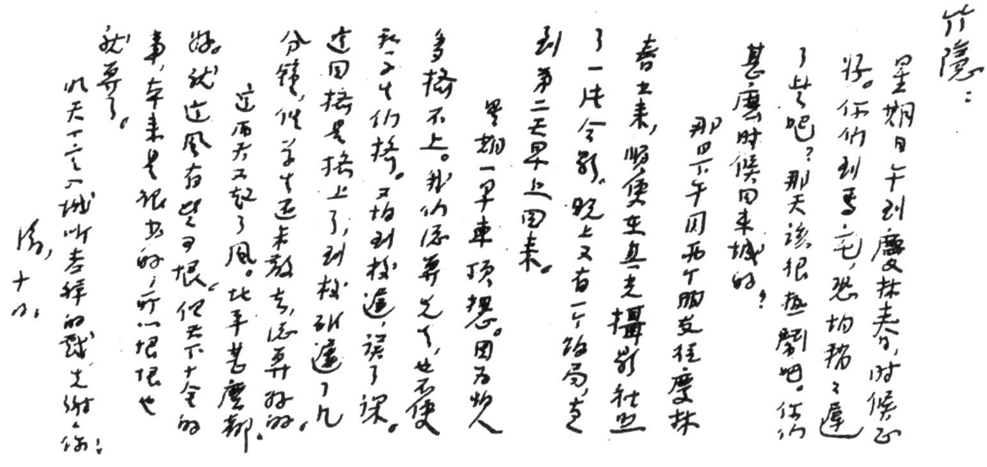

竹隐：

星期日午到慶林春①，時候正好。你們到王宅，恐怕稍為遲了些吧？那天該很熱鬧吧。你們甚麼時候回來城的？

那[illegible]下午同两个朋友往慶林春去來，順便在真光攝影社照了一張合影②。晚上又[illegible]，直到第二天早上回來。

星期一早車頂擠。因為[illegible]人多擠不上。我們[illegible]，也便[illegible]。[illegible]到校遲，误了课。這回搭是搭上了，到校還遲了九分鐘，但[illegible]還算好的。

近兩天又起了風。北平甚麼都好，就這風有些可恨。但天下十全的事，本來是很少的，所以恨恨也就算了。

[illegible]城[illegible]吉祥③的戲，先謝謝你！

隱，十八。

①庆林春饭庄，位于西长安街，是北平有名的饭庄。在庆林春附近还有大陆春、淮阳春等多家店名中带“春”的饭庄，以经营淮扬菜为主，被合称为“八大春”。②真光摄影社，位于西长安街25号，照相兼营摄影器材，是北平较大的摄影社。③吉祥戏院，位于金鱼胡同西北口，建于1906年，是北平著名的戏院之一。谭鑫培、杨小楼、金少山、谭富英、梅兰芳、马连良、姜妙香等众多京剧名家均曾在此登台唱戏。

第 [15] 封 猜疑

竹隐：

昨晚从城中归，看见你的快信，甚为惊诧！一个人身体不好，影响精神很大。我那晚在“真光”[①]实在有些支持不住，那张片子又是看过的；明知露出疲惫的样子，是不该的，但自己不能约束自己，只好请原谅吧！至于你所猜疑的，怕正因为来信所说及的“病中神经过敏”所致；现在你第一静养要紧！！不宜想得太远，想得太多！很盼望你早些能恢复你的健康！

这几日似乎可以找大夫瞧瞧；或上医院去也好，假若能出门的话，我星期六下课后再到练琴室看你；

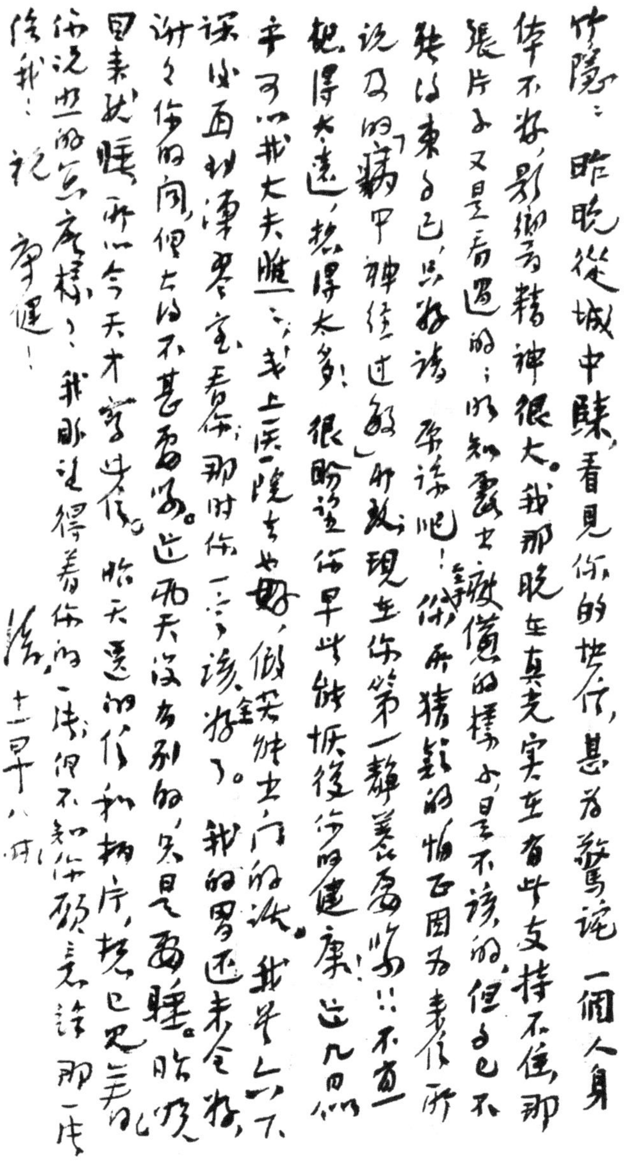
竹隱：昨晚從城中歸，看見你的快信，甚為驚詫！一個人身体不好，影响精神很大。我那晚在真光實在有些支持不住，那張片子又是看過的；明知露出疲憊的樣子，是不該的，但自己不能約束自己，只好請原諒吧！至於你所猜疑的，怕正因為來信所說及的「病中神經過敏」所致；現在你第一靜養要緊！！不宜想得太遠，想得太多！很盼望你早些能恢復你的健康！這几日似乎可以找大夫瞧瞧；或上医院去也好，假若能出门的話，我星期六下課後再到練琴室看你，那時你一定全好了。我的胃还未全好，謝謝你的問，但大約不甚要緊。近兩天沒有別的，只是要睡。昨晚回來就睡，所以今天才寫此信。昨天送的信和相片，想已見着了。你說照的照片怎樣了？我很想得着你的一張，但不知你願意不願意許那一張給我！祝 早痊！

清

十一早八時

那时你一定该全好了。我的胃还未全好，谢谢你的问，但大约不甚要紧。这两天没有别的，只是要睡。昨晚回来就睡，所以今天才写此信。昨天送的信和相片，想已见着。你说照的怎么样？我盼望得着你的一张；但不知你愿意拿那一张给我！祝康健！

清

（一九三一年三月）十一日八时

①真光电影院，位于东安门大街，建于1921年，是北平较有名气的电影院之一。

陈竹隐原信

过敏

佩弦：

昨夜归校后病又加重，想系受寒所致，不过能得静养几日，总可以好，望勿念！

日来不惟身体上有病，精神上也似乎染了重症般的不舒服，尤其是昨日见面以后，我好像被推跌在一个阴森的深渊中一样的痛苦。这也许是我病中神经过敏也未可知，我总觉得你的态度有些不似往常，你不惟因为身体欠佳而精神疲惫，我看你的情感的热度也不知为了什么而表现低降。——你自己也曾觉得吗？

我本来不好多疑，近来不知为了什么一些事，总容易促起我的疑惑以致于苦闷，这或者就因为心情走上了一条另外的路的原故吧？

上礼拜因病只写了一封信给你，歉甚！接你的两封短信后本来有许多话想说，但也因病和愁而没有提笔的勇气。

尊恙如何？听医生说患胃病的人不惟应注意饮食，尤应减少工作，能放下的事，还是暂时放下吧，为了病。专此祝好！

竹隐

第[16]封 孩子

竹隐：

我的伤风确比前一次来得重；这两天头总是昏昏的，什么事都提不起精神去做；今早去瞧大夫，人太多，懒得等。下午如高兴，或者再去一次。

家父[①]来了一封信，说最小的孩子病得很厉害；还有两个孩子患耳，一个患眼，都日子很久未治好。扬州的医生大约不行得很；不过也许家里不知道怎样找好医生！这使我很担心，但一点办法没有；只好先寄点钱，教他们还是看医生去。

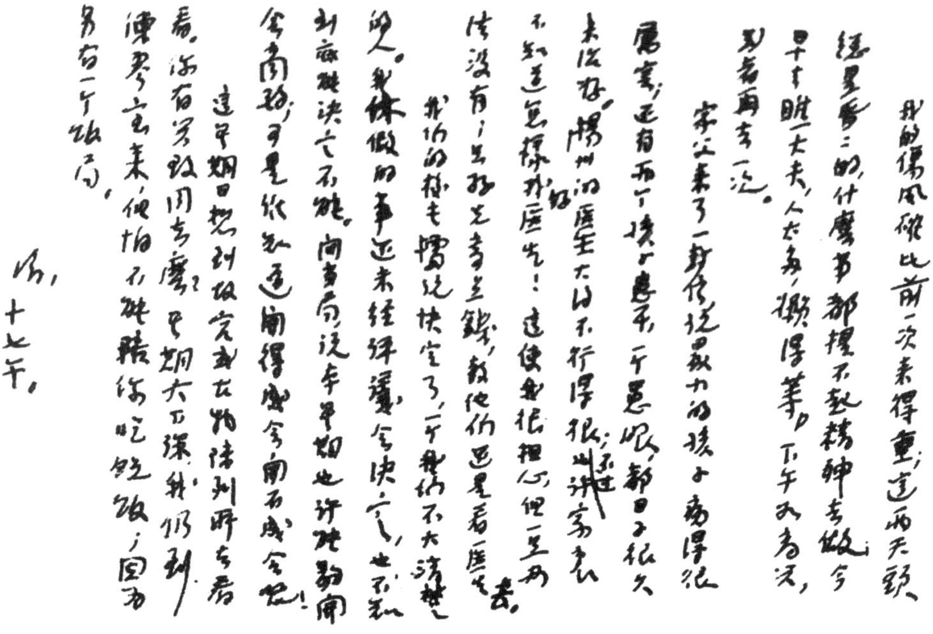
竹隐：
我的伤风确比前一次来得重；这两天头总是昏昏的，什么事都提不起精神去做；今早去瞧大夫，人太多，懒得等。下午如高兴，或者再去一次。
家父来了一封信，说最小的孩子病得很厉害；还有两个孩子患耳，一个患眼，都日子很久未治好。扬州的医生大约不行得很；不过也许家里不知道怎样找好医生！这使我很担心，但一点办法没有；只好先寄点钱，教他们还是看医生去。
我们的婚事也该说快定了，一个我们不大清楚的人。我们做的事还未经详议，会决定了，也不知到底能决定不能。向来虽说本学期也许能离开会商量，可是你知道离开得这么容易会成么！
这学期回想到的究竟在什么时候到看看。你有空的时候来么？要好好的大大的谈谈。我仍到陈寅恪家来，他怕不能陪你吃晚饭；因为另有一个饭局。
佩，
十七午。

我们的校长据说快定了，一个我们不大清楚的人。我休假的事[②]还未经评议会决定，也不知到底能决定不能。问当局，说本星期也许能够开会商酌；可是谁知道开得成会开不成会呢！

这星期日想到故宫或古物陈列所[③]去看看。你有兴致同去么？星期六下课，我仍到练琴室来，但怕不能陪你吃晚饭；因为另有一个饭局。

清

（一九三一年三月）十七日午

---

①家父，名鸿钧（1870～1945），字小坡。他即是朱自清散文《背影》中的“父亲”。②按清华大学校例，教授每任教五年可休假出国访学一年。出国期间，教授仍可支半薪。另外，学校津贴往返路费各520美元及每月研究费100美元。朱自清自1925年到清华任教，已满五年，拟于本年休假。③古物陈列所，是中国第一家以皇家藏品为主的博物馆，以保管陈列清廷辽宁、热河两地行宫的文物为主，1914年在故宫文华殿和武英殿成立，1948年并入故宫博物院。

第[17]封 相片

竹隐：

今天接到你的信，并相片一张，谢谢！——前天的信也到了。

我的伤风已算好了十分之九；没有吃药，也就对付过去了。

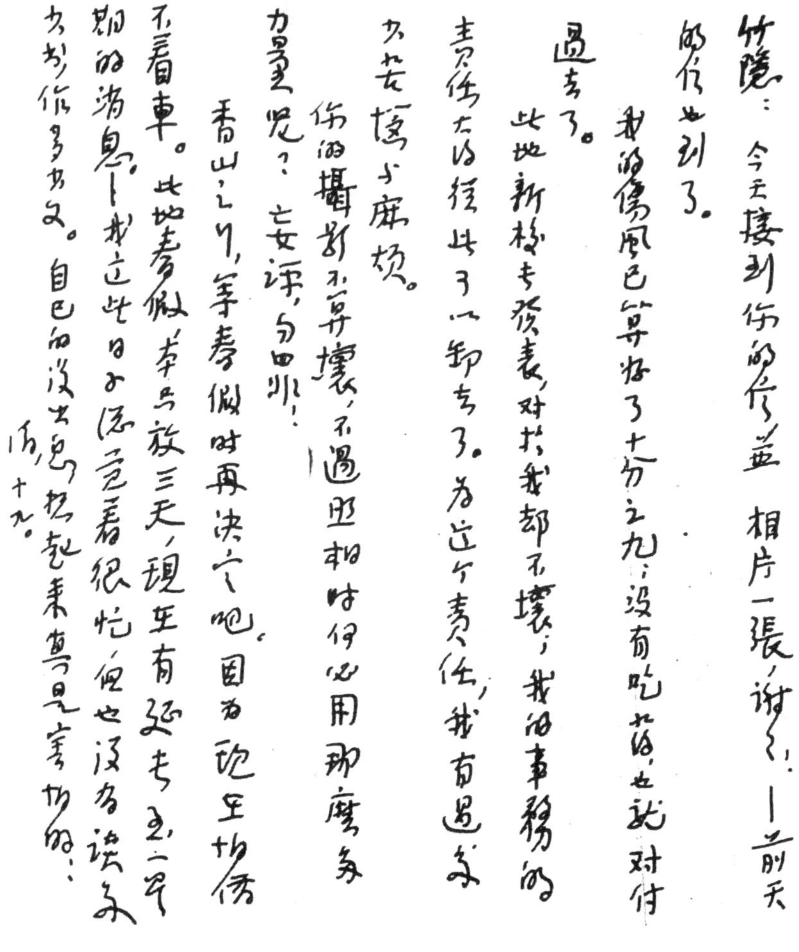
竹隐：今天接到你的信并相片一張，谢谢！——前天的信也到了。我的傷風已算好了十分之九；没有吃药，也就对付過去了。此地新校長發表，对於我都不壞；我的事務的責任太沉，经此可以卸去了。為這个責任，我有過多少麻煩。你的攝影不算壞，不過照相时何必用那麼多力量呢？妄評，勿罰！香山之行，等春假时再决定吧。因為現在也得不看書。此地春假本只放三天，現在有延長至一星期的消息。我这些日子倒是很忙，但也没有多读多少書。自己的没出息，想起來真是害怕的！
清 十九。

此地新校长发表，对于我却不坏；我的事务的责任，大约从此可以卸去了。为这个责任，我有过多少苦恼与麻烦[①]。

你的摄影不算坏，不过照相时何必用那么多力量呢？妄评，勿罪！

香山之行，等春假时再决定吧。因为现在怕借不着车。此地春假，本只放三天，现在有延长至一星期的消息。——我这些日子总觉着很忙，但也没有读多少书，作多少文。自己的没出息，想起来真是害怕的！

清

（一九三一年三月）十九日

①自1930年7月7日起，朱自清任代理中文系主任一职。朱自清不愿担任此职，拟辞去。下文曾数次提及辞职事。

第[18]封 丢钱

竹隐：

星期日在同和居[①]午饭。菜实在不坏，就是淡得好。与我们扬州菜比，一个是“淡妆”，一个是“浓抹”；我是喜欢淡妆过于浓抹的。席间有人说起西南各省人不喜欢那种味道，我力赞其说；我说我有些朋友也是如此。另一人说，“是的，没有辣子”；我微笑，觉得这话有些道理。

上汽车时，有一同事忽然被人偷去一只皮夹，里面装了一个月薪水。事后研究，扒手是两人；有一个还和我在车门前对面挤了片刻，但我什么也没有丢失，也算运气。那位失钱的人，在车上嘀咕了有二十分钟，但是有什么办法呢！清华竹隱：星期日在同和居午飯。菜實在不壞，就是淡得很，不比我們揚州菜；一个是「淡妝」，一个是「濃抹」；我却是喜歡淡妝過於濃抹的。常向有人說起西南的有人不喜歡那種味道，我力贊其說；我說我有些朋友也是如此。另一人說是的，沒有「辣子」；我微笑了，覺得這話有些道理。

上車時，有一同車忽然被人偷去一件皮衣，於是發表了一个白話新詩水。事後研究，扒手是兩人；有一个還跑到車門前對面橋了片刻，但我甚麼也沒有丟失，也算運氣。那位失錢的人，在車上嚷嚷了有二十分鐘，但是有什麼辦法呢！清華汽車向例如此，這還是新紀錄。

你說上屢回說，這兩日去了沒有？我想去還沒有去成，但是總得去的。

《婦人鏡》，多謝寄來。這本書挖苦女人太厲害。女人看見大概都要罵的。幸而是外國人說的，又是說外國人，中國女人看了或可激於義憤直和。因你說要看，特地寄給你。——其實，偽書中說的女人，中國現在怕還沒有；你看了，一定以我的話為是。

我這兩天居然沒鬧胃病，但是還得些操心提防。祝好！

清，

二十三晚。

汽车开行以来，这还是新纪录。

你说上厂甸[2]玩，这两日去了没有？我想去还没有去成，但是总得去的。

《妇人论》[3]另寄奉。这本书挖苦女人太厉害。女人看见大概都要骂的。幸而是外国人原作，又是说外国人，中国女人看了，或可微笑置之。因你说要看，故敢寄给你。——其实像书中说的女人，中国现在怕还没有；你看了，一定以我的话为然。

我这两天居然没闹胃病，但是还得照样地小心提防。

祝好！

清

（一九三一年三月）二十三日晚

①同和居饭庄，位于西四牌楼，主营鲁菜，开业于1822年，位列著名的“八大居”之首，是达官贵人、文人墨客喜爱光顾的饭店。②厂甸，位于和平门外东、西琉璃厂之间十字路口的东北角，明清时期原是琉璃窑前的一片空地。清乾隆年间始，每年正月初一至十五元宵节厂甸有庙会，商家设摊，珠宝、文玩、旧书、小吃、游戏，应有尽有，热闹非凡。游人云集而来，称为“逛厂甸”。1917年在此建海王村公园。一般所谓“厂甸”，泛指海王村公园附近地带，包括南新华街、火神庙、土地庙、文昌帝君庙、东西琉璃厂等。③《妇人论》，德国哲学家叔本华著，对女性持嘲笑轻视态度。

第[19]封 三殿

竹隐：

星期日别后，到周岂明先生处谈过久，误了时刻，就在周处便饭。星期一早才赶回，颇以为苦。那天游三殿①，似乎很累，回来只是要睡，今天才好些。你觉得怎样？怕也有些累吧？

昨日午饭后本想写信给你；此处午后二时发信，恰可赶上。不料俞家留住玩牌，因而耽误一日，歉歉！以后牌想少玩，因为费时太多，虽然其味甚浓。

我休假的事已经评议会通过；但新校长来后有无变动，尚不可知。目下想先预备外国文再说。馀再告。祝好！

清

（一九三一年）三月二十五日

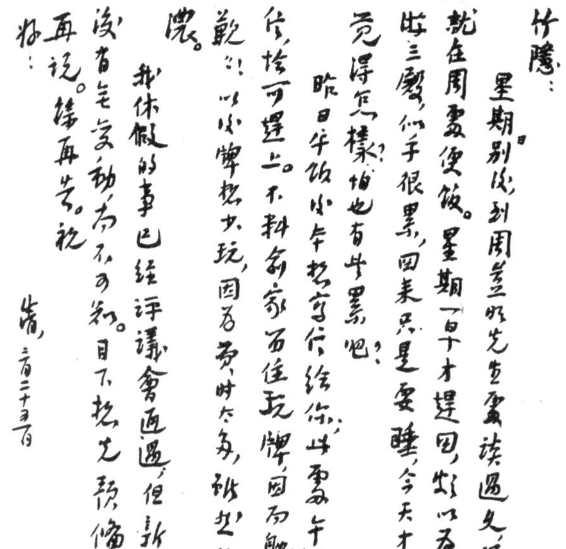
竹隱：星期日別後，到周豈明先生處談過久，誤了時刻，就在周處便飯。星期一早才趕回，頗以為苦。那天遊三殿，似乎很累，回來只是要睡，今天才好些。你覺得怎樣？怕也有些累吧？昨日午飯後本想寫信給你；此處午後二時發信，恰可趕上。不料俞家留住玩牌，因而耽誤一日，歉歉！以後牌想少玩，因為費時太多，雖然其味甚濃。我休假的事已經評議會通過；但新校長來後有無變動，尚不可知。目下想先預備外國文再說。餘再告。祝好！清 三月二十五日

①故宫前庭的太和殿、中和殿与保和殿合称“三大殿”。三大殿是皇家举行重大朝典的地方，是故宫最庄严宏伟的宫殿，也是紫禁城的中心。

第 [20] 封 黄雨

竹隐：

星期六晚到中央饭店，正值一队外国人从舞场散出。一个女人还做着跳舞的姿势，真教人好笑。我因房价太贵，又到城外北京旅馆住，次早九点才起来，十点半便回来了。

星期六说送给你看的周刊，终于忘记在我的箱子里，现在邮寄给你。其中《我俩》一篇翻译的戏剧，我觉得不坏。你有工夫可一浏览。

星期日起，天下黄雨。院子里堆积的土足够一分厚，很可看。白天看，满空黄濛濛的，更有意思。我喜欢晴，也喜欢沉阴，也喜欢黄雨的日子，你说我的嗜好多矛盾啊！

此处山桃已半开，昨天薄暮，匆匆一观。在满目萧条中，有这碎玉似的繁花，觉得眼界一新，但终嫌有些不调和。我宁喜欢高柳上的青青的芽，远望像滴得下来的那颜色那风味，教人像做着一个短短的甜梦。祝你好！

清

（一九三一年三月）三十一日

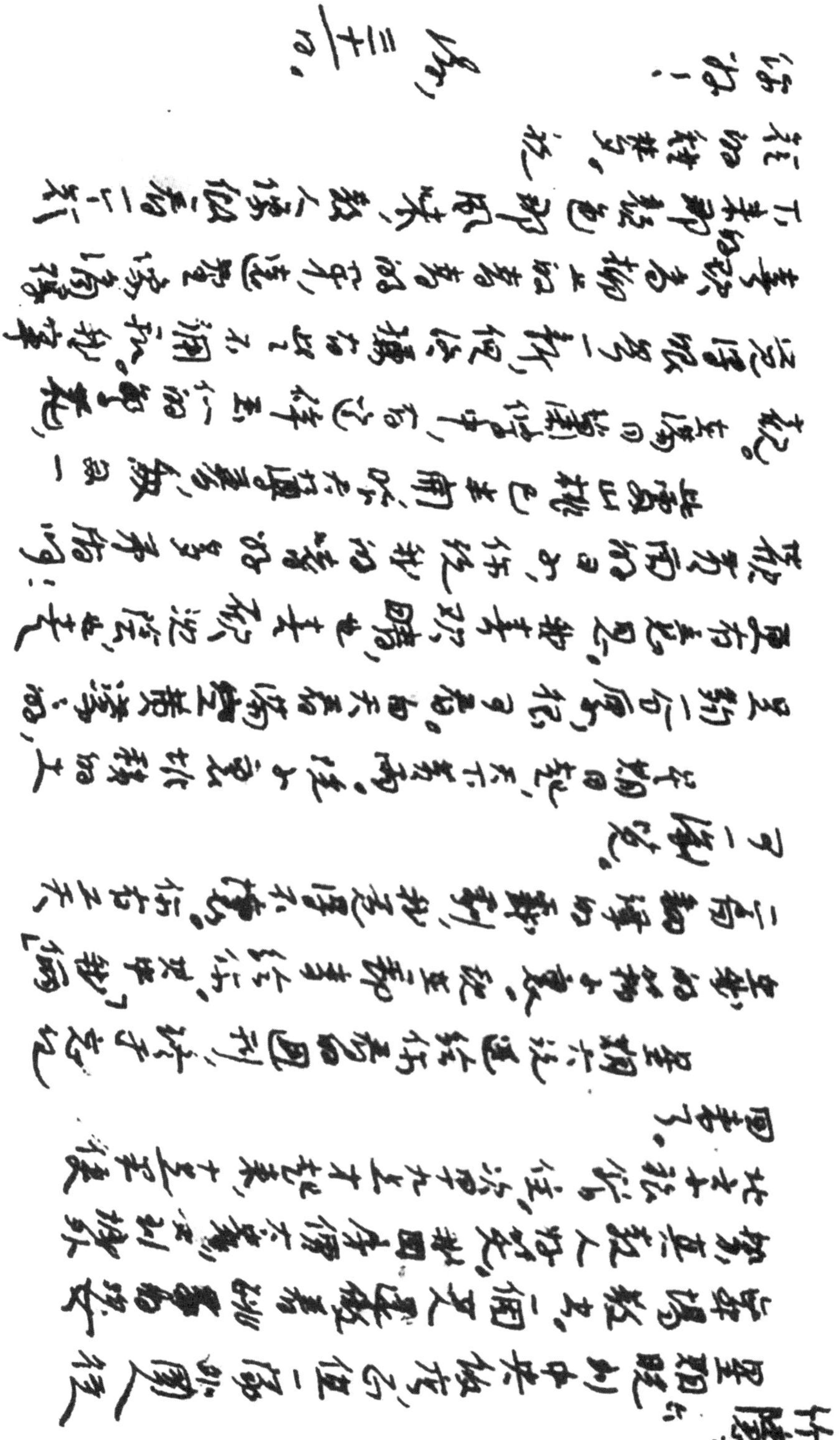
竹隱：

星期六晚到中央飯店，與一位外國人往安徽揚州教書。一個是很能看書的嬰勞，真教人好笑。我回來時價太貴，只到城外北京飯店住，次早九點才起來，十點半便回來了。

星期六說送給你看的週刊，終于忘記安排的篇幅了。現在郵寄給你。其中「我倆」二句翻譯的露刷，我覺得不壞。你有工夫可一閱覽。

星期日起，天下着雨。使人覺出地積的土足夠一分厚，很可看。白天看滿空黃濛濛的，更有意思。我喜歡晴，也喜歡沈陰，也喜歡有雨的日子，你說我的嗜好多矛盾啊！

碧山桃已出開，吹去滿身，叙白一起。在宿舍間中，有這牟玉似的繁花，覺得眼界一新，但沒攜有些不痛和。我穿喜歡為柳上的青青的葉，遠望像綺像下來的那顏色那風味，教人像似看一片花的幽夢。祝

你好！

清，
三十日。

第[21]封 门票

竹隐：

星期二寄的信，想收到了。昨天接到来信并诗稿二纸。

所说的古物陈列所票三张，已经要来；今特托俞平伯先生带上，因邮寄不便也。

你们不知几时去？此项展览票，星期一须送还。我星期六来看你，不知能给我带回否？若不能，你们可于星期六午后去，可以看看香妃[1]住室。我星期日上午来看你也成。如何办法，请于星期六下午给我一个信；我在女大休息室里。

诗稿本星期定可带上。

这两天因为开会及编辑《中国文学系月刊》[2]的稿子，忙得异常，希望下星期可以好好休息一下。

家中相片，昨日才寄去。

这两晚月色甚佳。本想看看月下的山桃花，但也懒极没有去。

祝你好！

清

（一九三一年）四月二日

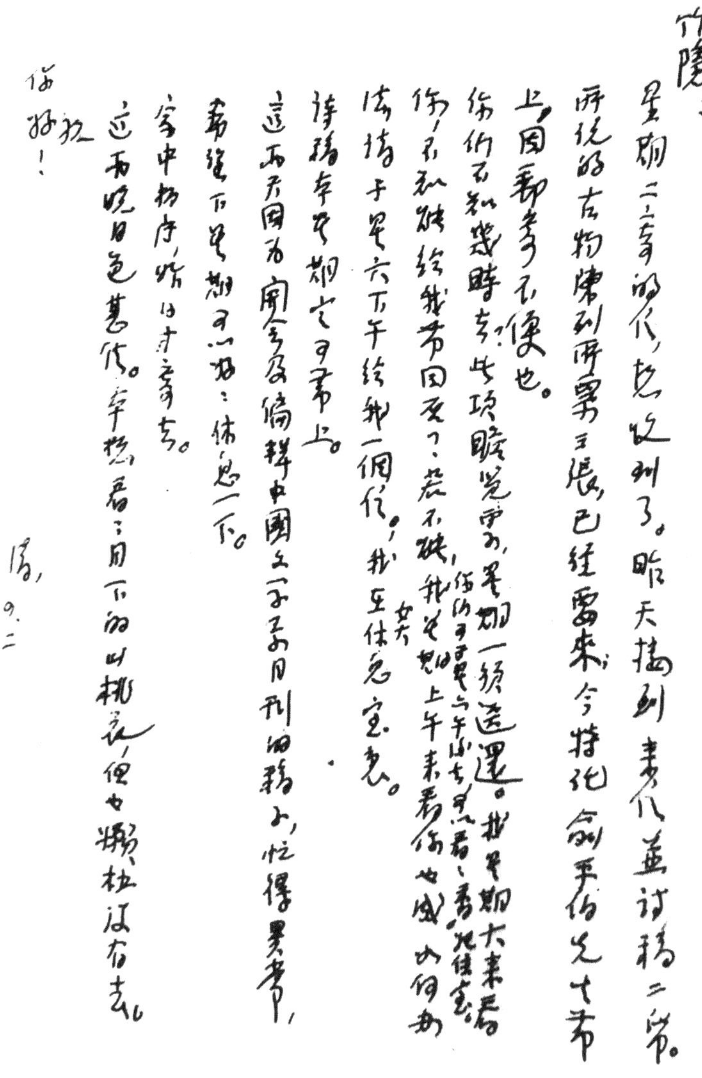
竹隐：
星期二之信，已收到了。昨天接到来信并诗稿二篇。
所说的古物陈列所票子三张，已经买来；今特托俞平伯兄七弟带上，因邮寄不便也。
你们不知几时去？此项游览票，星期一须送还。我星期六来看
你，不知能给我带因为了？若不能，我星期[illegible]上午来看你也成，[illegible]如何。
请于星期六下午给我一个信，我在女大休息室[illegible]。
请将本星期之[illegible]带上。
这两天因为周会及编辑中国文学会月刊的稿子，忙得异常，
希望下星期可以好好休息一下。
家中[illegible]，[illegible]才[illegible]去。
这两晚月色甚佳。本想看看月下的山桃花，但也懒懒地没有去。
你好！
清，四、二

①香妃（1734~1788），乾隆皇帝后妃之一。和卓氏，维吾尔族。乾隆二十四年（1759），回部图尔都配合清军平息新疆叛乱，被封为一等台吉。其妹也被选入宫，册封为和贵人，后又相继晋封为容嫔、容妃。传她玉容未近而芳香袭人，故称香妃。她去世后的一百多年内，得文人墨客的青睐，在野史、诗词、戏曲中，编造出许多有关“香妃”的故事传说。②该刊定名为《中国文学会月刊》，清华大学中国文学会编辑发行，1931年4月15日出版第1卷第1期。朱自清任该刊顾问及编委会委员。

第 [22] 封 约会

竹隐：

前日刚赶上燕京车，下午到校，来了客。昨天未起床，就来了三次客，陪客人玩了一日。晚间编辑月刊，直到现在，已是五时，四处鸡都叫了。我再过一小时，便要起身上明陵[①]去。

星期五想请廖小姐与你来玩，不知得暇否？我后天晚上若入城，星期五早上九时便来接你们。但我那晚未必入城，九时五分我不来，你们请径到青年会上车，车十点半开。兹寄上票两张。我极盼望廖小姐与你同来，但她要打球，不知能惠临否？

清

八日上午五时

①明陵，位于昌平县天寿山南麓的山谷中，距离北平城约50公里。明代16个皇帝中有13个皇帝埋在此处，故又称“明十三陵”。

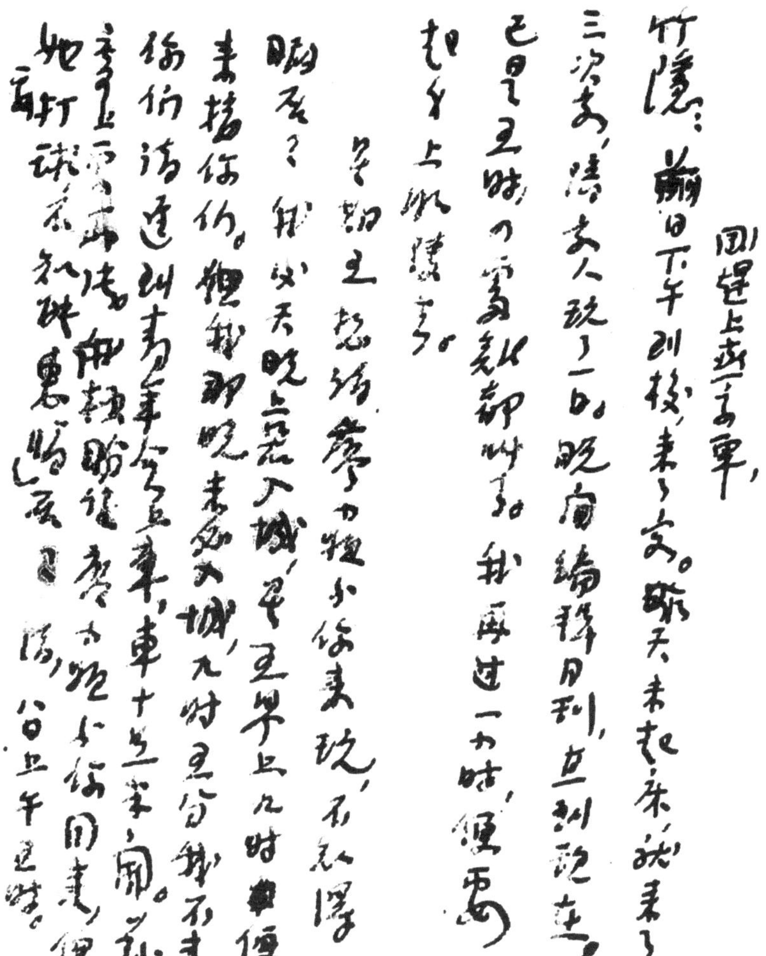

竹隐：前日下午到校，（回到上海一号车，）来了文。昨天未起床，就来了三次客，陪客人谈了一日。晚间编辑月刊，直到现在，已是三时了。胃气却好了。我再过一小时，便要起身上课了。

星期五想请李力姐和你来玩，不知得暇否？我们六天晚上先入城，星期五早上九时便来接你们。但我那晚未必入城，九时至八时我不来，你们请过到青年会乘车，东十五号车开。老五哥传，即赖照顾，李力姐和你同来，便她打电话去知照。

清，八日上午三时。

第 [23] 封 游园

竹隐：

某女士的诗，已读了一遍，略为改易几处。自己知道改得并不好，只好还请她原谅罢。另有一纸，写着我的读后感。你斟酌看可不可以交给她。

圆明园之游，觉得怎么样？那些残余的石刻，固然动人怀古之幽情；但徜徉于那废墟中的人，似乎更值得纪念。那天天气薄阴，像是微醉的人，春风虽然尚余寒意，却也换了一副筋骨似的。你说是不是呢？

舍间来信，几个孩子正在治耳治眼。最小的那个也好些了。谢谢你前次的垂问！信中又说全家都患过感冒。扬州感冒的流行，据说比北平还要普遍。照片他们似还未收到，甚奇。祝好！

清

（一九三一年）四，十三

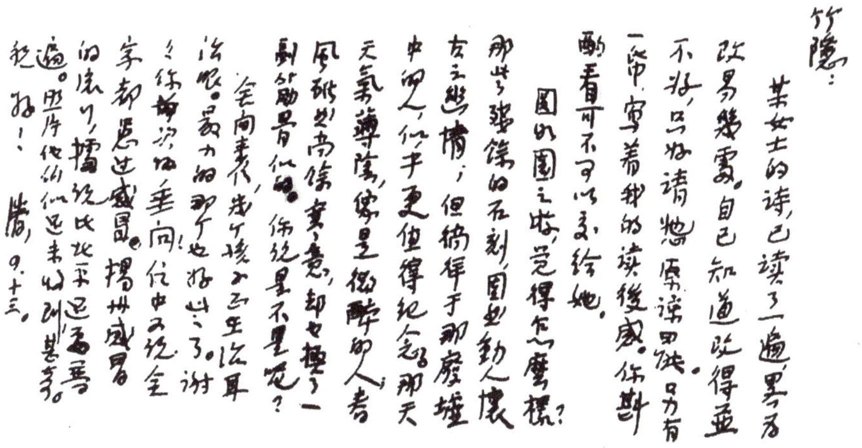
竹隐：
某女士的诗，已读了一遍，略为改易几处。自己知道改得并不好，只好请她原谅罢了。另有一封，写着我的读后感，你斟酌看可不可以寄给她。
圆明园之游，觉得怎么样？那些残缺的石刻，固然动人怀古之幽情；但倘得于那废墟中同人，似乎更值得纪念了。那天天气薄阴，实是微醉的人；春风那么高傲，[illegible]
[illegible]
[illegible]家都患过感冒。[illegible]
[illegible]
祝好！
清，9.十三。

第 [24] 封 · 春雨

竹隐：

日前寄上的某女士诗稿和信，想收到了。别了快一星期，你怎么一封信也不给我呢？极念！这两天连绵的春雨，似乎有些意思；但你在城里，怕不能出门，未免有些气闷吧？星期六大约总可放晴，北海之游，大约不致有什么阻碍的，我想。

此间校长近日来校察看，听说下星期一就职。什么事都快定局，这是很好的。我这两天很好，不算顶忙。祝你好！

清

（一九三一年）四，十六

竹隱：目前寄上的某女士詩稿和信想收到了。别了快一星期，你怎麽一封信也不給我呢？想念！這兩天連綿的春雨，似乎有些意思，但你在城裏，怕不能出門，未免有些氣悶吧？星期六大約還不放晴，北海之聚，大約不能有什麽阻礙的，我想。

此間校長今日来校察看，聽說下星期一就職。什麽事都快定局，這是很好的。我這兩天很好，不再頭疼，祝你好！

清，四，十六。

第叁章 从崇拜到订婚

未见朱自清之前，陈竹隐就听说过朱自清的大名，读过他的作品，对他很是仰慕。见面后，两人彼此心照不宣，开始交往起来。一开始，陈竹隐知道了朱自清还有前妻留下的五个孩子（最小的一个一岁多天折），很是犹豫，曾一度想远离。然而朱自清一封封感情真挚的情书，逐渐打开了她的心结，让她重新审视这段感情。最终她接纳了朱自清和他的孩子们，做好了当后妈的准备。1931 年 5 月，两人订婚。一个儒雅的才子，一个新潮的才女，终于走到了一起。

第 [25] 封　明明

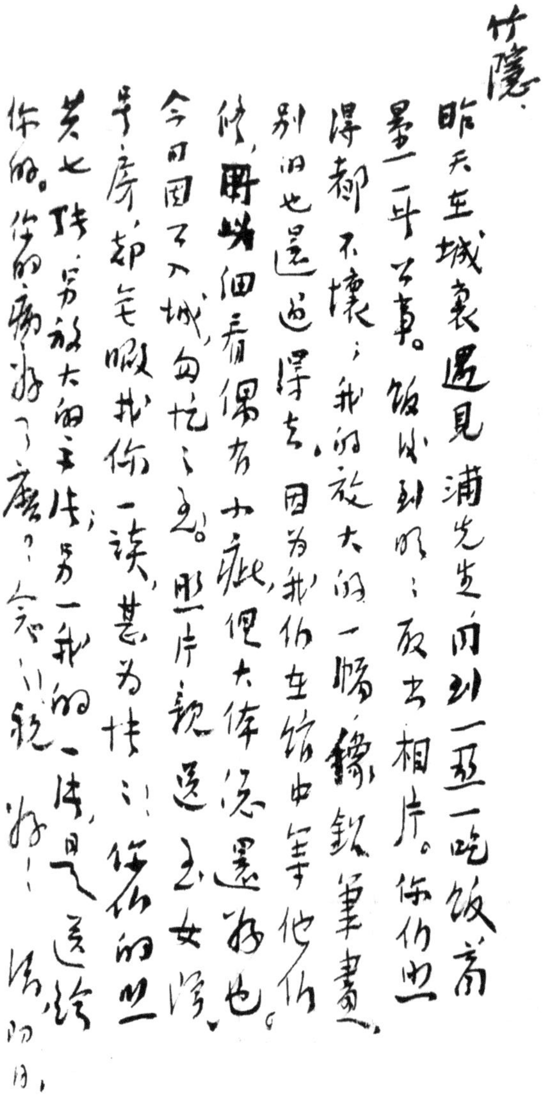

竹隐：

昨天在城里遇见浦先生，同到“一亚一”吃饭，商量一些公事。饭后到“明明”取出相片。你们照得都不坏；我的放大的一幅，像铅笔画，别的也还过得去。因为我们在馆中等他们修，所以细看偶有小疵，但大体总还好也。

今日因公入城，匆忙之至。照片亲送至女院号房，却无暇找你一谈，甚为怅怅！你们的照共七张，另放大的三张；另一我的一张，是送给你的。你的病好了么？念念！祝好！

清

（一九三一年四月）即日

第 [26] 封 · 校长

竹隐：

星期日廖小姐赛球结果，不知怎样，甚念?!

星期六摇船趣味甚佳。本星期六颇想再来一次，若你也有兴味的话。

昨早此间新校长就职，秘书长经验太少，临时张皇失措，致有些不小的笑柄。如对党国旗行礼后，应呼读遗嘱，而他却先呼静默三分钟。但立觉错误，说："唉——读遗嘱！"读毕乃重呼静默三分钟。又秘书长本可坐在台上，而他却始终植立，如一侍者，也颇可笑。

新校长人似颇老实，不浮泛。他演说，申明"为公"之意。又说做事当守法。

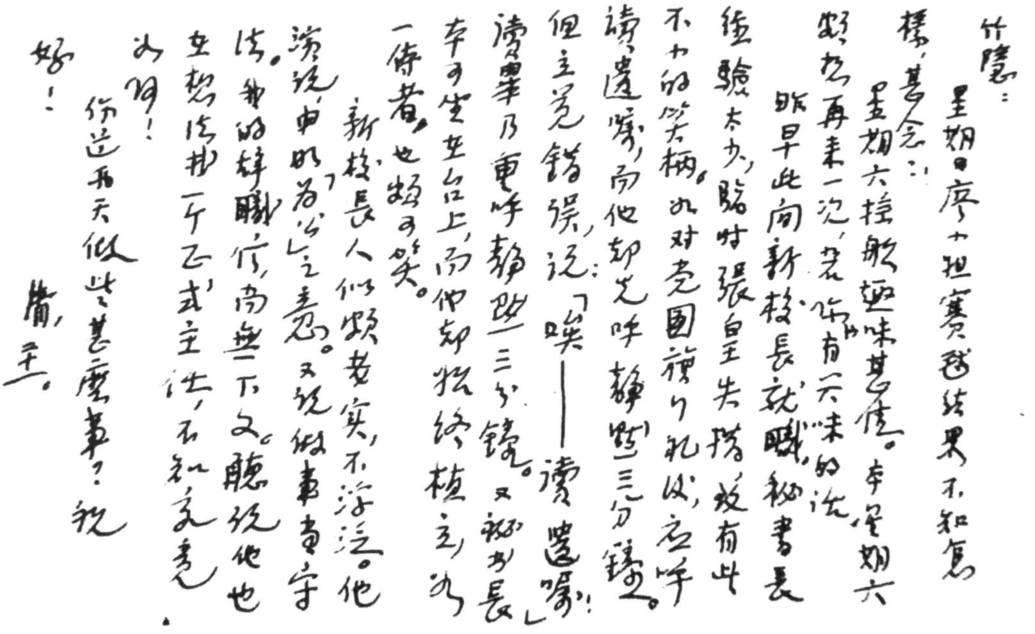
竹隐：
星期日廖小姐赛球结果不知怎样，甚念?!
星期六摇船趣味甚佳。本星期六颇想再来一次，若你有兴味的话。
昨早此间新校长就职，秘书长经验太少，临时张皇失措，致有些不小的笑柄。如对党国旗行礼后，应呼读遗嘱，而他却先呼静默三分钟。但立觉错误，说：「唉——读遗嘱！」读毕乃重呼静默三分钟。又秘书长本可坐在台上，而他却始终植立，如一侍者，也颇可笑。
新校长人似颇老实，不浮泛。他演说，申明「为公」之意。又说做事当守法。我的辞职信，尚无下文。听说他也要想法打个正式立法，不知究竟。
祝
好！
你这两天做些甚么事？

我的辞职信，尚无下文。听说他也在想法找一个正式主任，不知究竟如何！

你这两天做些什么事？祝好！

清

（一九三一年四月）二十一日

第[27]封 待定

竹隐：

来信收到了。信封信纸真有意思。廖小姐输了球，不至于很恼恨吧？胜败兵家常事，希望她看得开些。

新校长虽见过两面，但还没有表示什么，现在院长未定（因聘请手续关系），大约还不能决定我的事。院长的事如何定法，尚难知道；听说就要开教授会[1]解决这件问题呢。这里的手续，你怕不大明白；见面时再和你细说吧。

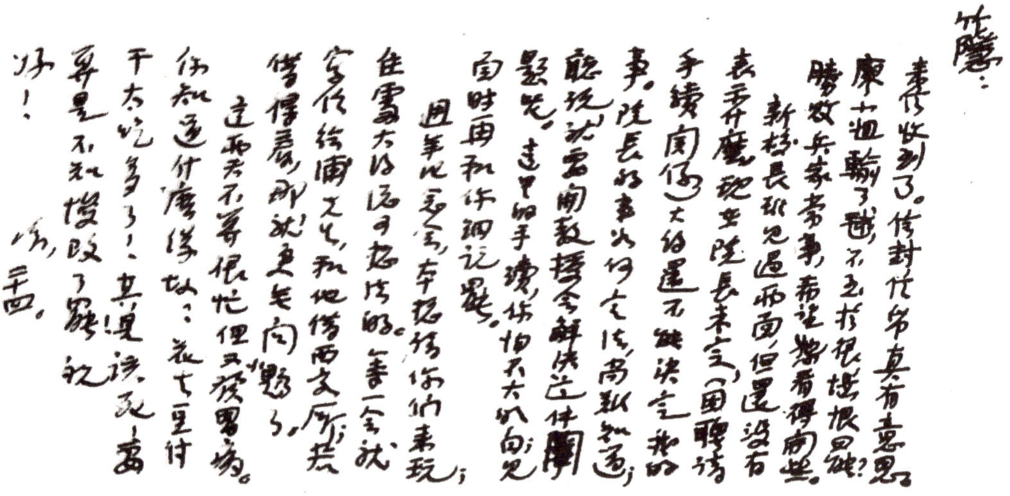
竹隱：
來信收到了。信封信紙真有意思。
廖小姐輸了球，不至於很惱恨罷？
勝敗兵家常事，希望她看得開些。
新校長雖見過兩面，但還沒有
表示什麼，現在院長未定（因聘請
手續關係）大約還不能決定我的
事。院長的事如何定法，尚難知道；
聽說就要開教授會解決這件問
題呢。這裏的手續，你怕不大明白；見
面時再和你細說罷。

周年纪念会[②]，本想请你们来玩；住处大约总可想法的。等一会就写信给浦先生，和他借西客厅；若借得着，那就更无问题了。

这两天不算很忙，但又小发胃病。你知道什么缘故？花生豆腐干太吃多了！真是该死！要算是不知悛改了罢！祝好！

清

（一九三一年四月）二十四日

①清华大学实行教授治校制度，教授会由全校教授、副教授组成，学校的许多公共事务由教授会决定。②指清华大学建校二十周年纪念庆典，1931年5月2~3日在清华大学进行。

第[28]封 游艺

竹隐：

昨天此间校长请教授茶会，关于院长事，成了僵局。现在一点猜不出下文如

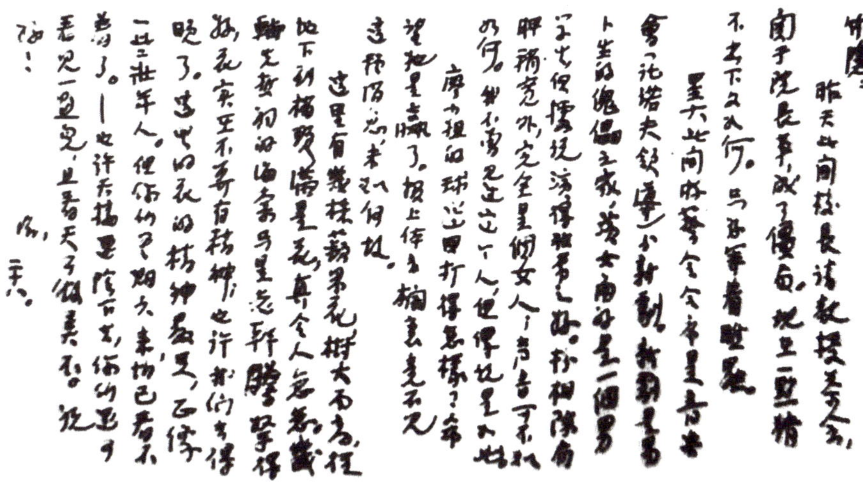

何。只好等着瞧罢！

星六[①]此间游艺会[②]会序是音乐会（托诺夫[③]领导）与新剧。新剧是易卜生的《傀儡之家》[④]，演女角的是一个男学生，但据说演得非常之好。扮相除肩胛稍宽外，完全是个女人；声音可不知如何。我不曾见过这个人，但传说是如此。

廖小姐的球，这回打得怎样？希望她是赢了。报上体育栏里竟不见这种消息，未知何故。

这里有几株苹果花，树大而高，从地下到梢头，满是花，真令人恋恋。畿辅先哲祠[⑤]的海棠只是老干腾拿得好，花实在不算有精神；也许我们去得晚了。这里的花的精神最足，正像一些壮年人。但你们星期六来，怕已看不着了。——也许天接连阴下去，你们还可看见一点儿，且看天公做美不。祝好！

清

（一九三一年四月）二十八日

①星期六。②游艺会是清华大学建校二十周年纪念庆典中的一个活动。③托诺夫（N.A.Tonoff），俄国人，皇家音乐学院硕士，1920年在西伯利亚组织国立音乐学院，任院长。后辞职移居中国，在平津两地从事音乐教学。1930年夏受聘于清华大学，担任清华西乐部导师。④又译为《玩偶之家》或《娜拉》，剧中角色扮演者均为清华大学学生。⑤畿辅先哲祠，位于宣武门外下斜街，建于1878年，是祭祀河北省先贤的地方。由当时在京师做官的直隶省人李鸿藻、张之洞等征文考献，博稽群书，确定入祀的先贤名单。

第[29]封 预约

竹隐：

谢谢你为写信而牺牲了程砚秋的戏！

星期六四时半，我同你们同车来清华。我四时前下课，请你们早些准备；迟了怕赶不上车。廖小姐赢了球，甚为欣慰。她最好也是星期六来，因周六晚上节目较有精彩；除前信所述外，还有烟火及火把游行。但她若没有工夫，星期日来，自然也很欢迎的。

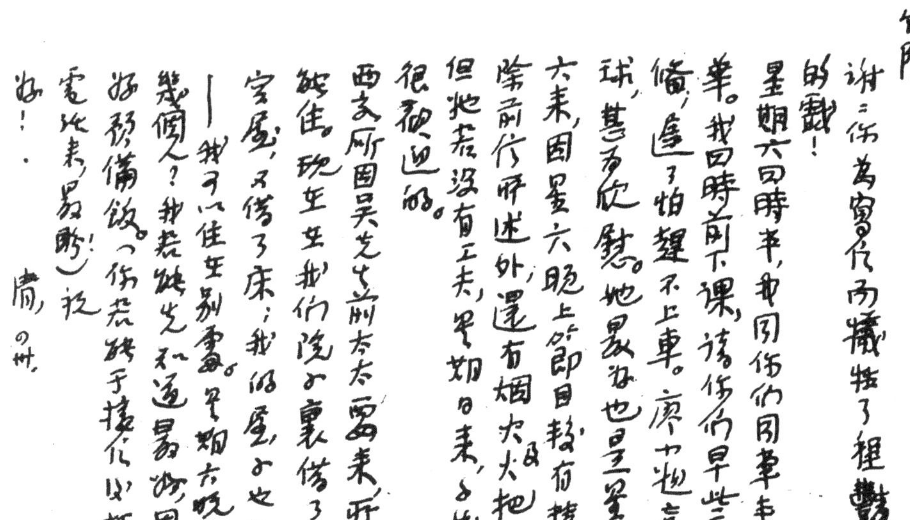
竹隐：
谢谢你为写信而犧牲了程硯秋的戲！
星期六四時半，我同你們同車來清華。我四時前下課，請你們早些準備；遲了怕趕不上車。廖小姐贏了球，甚為欣慰。她最好也是星期六來，因星六晚上節目較有精彩；除前信所述外，還有烟火及火把游行。但她若沒有工夫，星期日來，自然也很歡迎的。
西客所因吳先生前太太要來，所以不能住。現在在我們院子裏借了一間空屋，不借了床；我的屋子也可用——我可以住在別處。星期六晚上來幾個人？我若能先知道最好，因為好預備飯。（你若能于接信後打一電話來，最好。）敬頌
好！
清，四卅

西客厅因吴先生前太太要来，所以不能住。现在在我们院子里借了一间空屋，又借了床；我的屋子也可用——我可以住在别处。星期六晚上来几个人？我若能先知道最好，因为好预备饭。（你若能于接信后打一电话来，最盼！）

祝好！

清

（一九三一年）四月卅日

第 [30] 封 淋雨

竹隐：

昨早你们走后约二十分钟，便下起雨来了。坐车的大约还不要紧，你们两位骑驴的可不免要受淋了！很不放心你们的当时——虽然也知道细雨中驴背上是很有诗意的。

猜想你们在李家一定盘桓了很久；吃饭是当然。李家自然极客气地接待你们；北方饭菜还好吃否？李莲英的宅子到底怎样？——你们是何时入城的？

我是实在倦了，不然准得陪你们上海淀，当然也得陪着淋雨；因为我若去一定是骑驴的。下

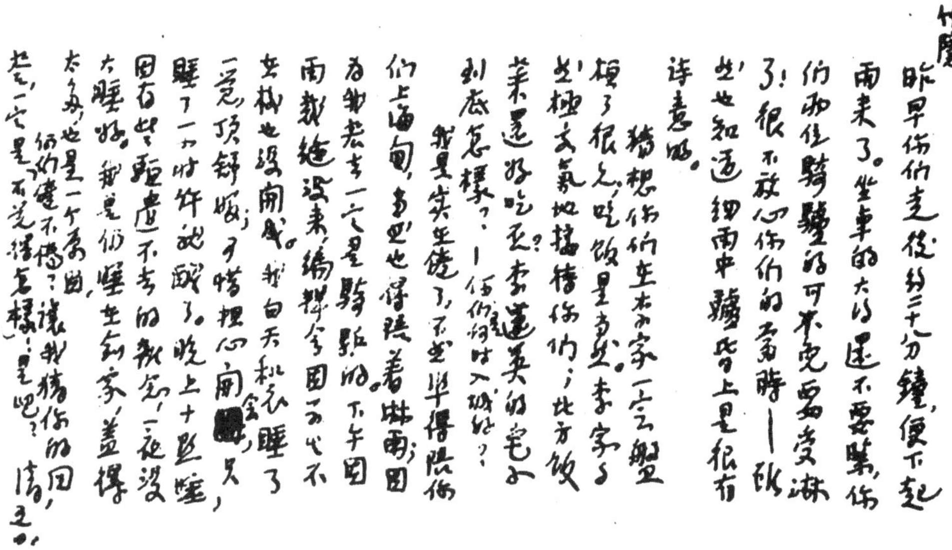

竹隐：

昨早你们走后约二十分钟，便下起雨来了。坐车的大约还不要紧，你们两位骑驴的可不免要受淋了！很不放心你们的当时——既然也知道细雨中骑驴上是很有诗意的。

猜想你们在林家一定盘桓了很久，吃饭是[illegible]家了。北方[illegible]出极大气地招待你们；北方饭菜还好吃吗？李莲英的宅子到底怎样？——你们几时入城的？

我是实在倦了，不曾早得跟你们上海甸，本也也得随着淋雨；因为我若去一定是骑驴的。下午因雨裁缝没来，编辑会因学生不在校也没开成。我白天和衣睡了一觉，顶舒服；可惜担心开会，只睡了一小时许就醒了。晚上十点睡，因有些驱遣不去的杂念，一夜没大睡好。我是仍睡在俞家，盖得太多，也是一个原因。

你们倦不倦？让我猜你的回答，一定是"不觉得怎样"！是吧？

清

五。

午因雨裁缝没来，编辑会因学生不在校也没开成。我白天和衣睡了一觉，顶舒服；可惜担心开会，只睡了一小时许就醒了。晚上十点睡，因有些驱遣不去的杂念，一夜没大睡好。我是仍睡在俞家，盖得太多，也是一个原因。

你们倦不倦？让我猜你的回答，一定是“不觉得怎样”！是吧？

清

（一九三一年五月）五日

第[31]封 谈戏

竹隐：

来信收到，知你们在海淀住了一宵。这样长的时间，不知如何消遣？我猜想只有散步或打牌两条路；闷在屋里长谈，大概是不至于的，我猜得对不对？你说。

荀慧生的《玉堂春》，我也听过一次，觉得很好。但精彩似仍在起解、会审[①]两节，馀只敷衍故事罢了！曾经和懂戏的人瞎谈，他们的意见也是如此。不知你这回看了觉得怎样？

从星期三起至星期五，每晚有饭局。昨前两晚，因酒喝多了，胃受影响，没睡好，今晚想喝极少的酒；因为身体不舒服，精神也受累不少。

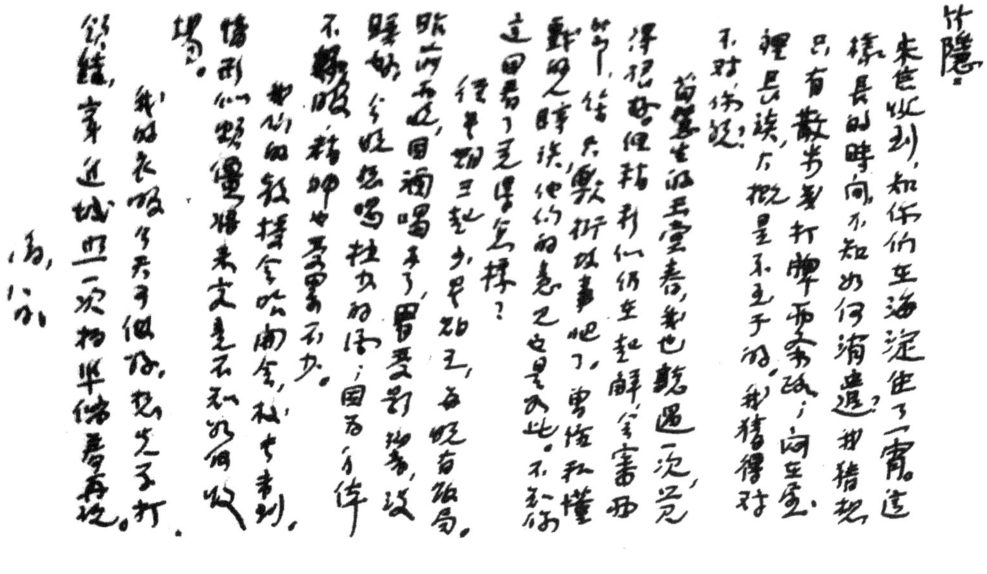

我们的教授会昨开会，校长未到。情形似颇僵，将来究竟不知如何收场。

我的衣服今天可做好。想先学打领结，穿进城，照一次相，准备着再说。

清

（一九三一年五月）八日

①又称《女起解》、《三堂会审》，为《玉堂春》中最精彩的两折。

第[32]封 照相

隐：

昨到青年会时，汽车刚开，车后㊉符号还清楚可见；真令人丧气。当时想起七点钟燕大还有车，便先到“瑞士”修表。表须五日才能修好，这几天不便当之极！

相片今晚收到，谢谢！但这五张都不能用，令我失望。照得太板，还在其次；最不好的，因为没修版，面上斑斑驳驳，有些怕人。我想到火车站门前挂着的相片！

你昨天不知教照相馆加印否？如已加印，请你再去一电话，教他们务于星期六印好，俾我可取回。如未加印，请你也打一电话，教他们加印五张，要修版。又今日送来五张，系从两种底片洗出。一种较好，另一种简直不成。若加印，请加印好的一种。（较好一种后面有字，样子寄上）麻烦你，对不起！今晚忙极，信写得这样坏！谅之！又浦君意另有所属，前谈事拟暂从缓办。星期六再详告，并将有所托也。

清

（一九三一年五月）十二日晚

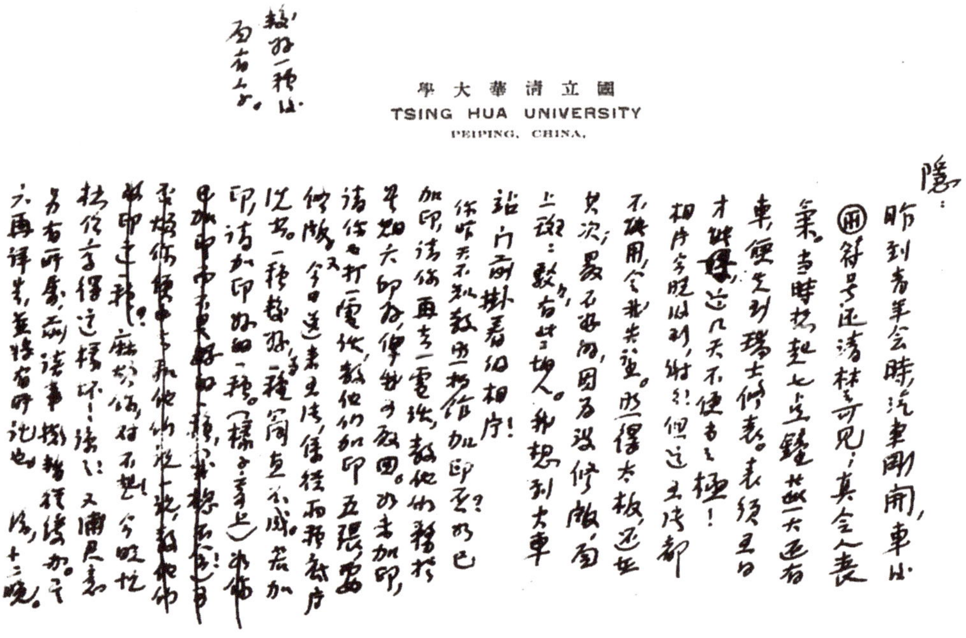
國立清華大學
TSING HUA UNIVERSITY
PEIPING, CHINA.

第[33]封 饯行

隐：

你为取照片的事着急，真是对不起。昨托汽车夫代往城中付邮一信，不知收到否？

昨晚学生为我饯行[1]，（其实真太早！）甚为欢乐。席间与他们猜拳。我的拳太坏，喝了不少的酒。饭后俞、浦两先生唱昆曲，学生亦各唱小调。我真惭愧，什么也唱不出，只敷衍说一小笑话而罢。夜里睡得不大好，但胃却未作怪，割扁桃腺事，昨商之大夫，据云非休息一星期不可。这事目前是不成了。祝好！

清

（一九三一年五月）十四日

①本年自秋季始朱自清将休假一年并赴英国访学。

隐：你为取照片的事着急，真是对不起。昨托陀车夫代往城中付邮否，不知收到否？

昨晚学生为我饯行，（其实真太早！）甚为欢乐。席间与他们猜拳。我的拳太坏，喝了不少的酒。饮后刘蒲南先生唱昆曲，我也与他唱和调。我真惭愧，什么也唱不出，只敷衍说一个笑话而罢。夜来睡得不大好，但胃却未作怪。刘嫂腿肿事，昨询之大夫，据云非休息一星期不可。这事自然是不成了。晚好！

清，十四。

第 [34] 封 订婚

隐：

十六那晚上是很可纪念的，我们决定了一件大事[①]，谢谢你！这件事我原想那天向你说，因你病了，想等你好时再说；但现在说出也很好，希望我这一点诚意能教你高兴，病复原得更快些！你这两天觉得怎样？今天到协和去，大夫怎么说？念甚！

想送你一个戒指，下星期六可以一同去看。但关于这种事，我向来没留过意，不知应该到什么地方去看。大约是廊房头条[②]吧？请你斟酌告我。

带回来的像片，连送人已经用掉六张，大约还存两张了。有人劝我重照一回，我想且等高兴照时再去；因为我并不愿照相的。

知道我们的事的，已有叶麐[③]、浦江清、邹湘乔[④]三位，他们都很高兴的。俞平伯还未回，明天他也可知道了。祝你病好！

廖该知道我们的事了吧？又及。

清

（一九三一年）五月十八日晚

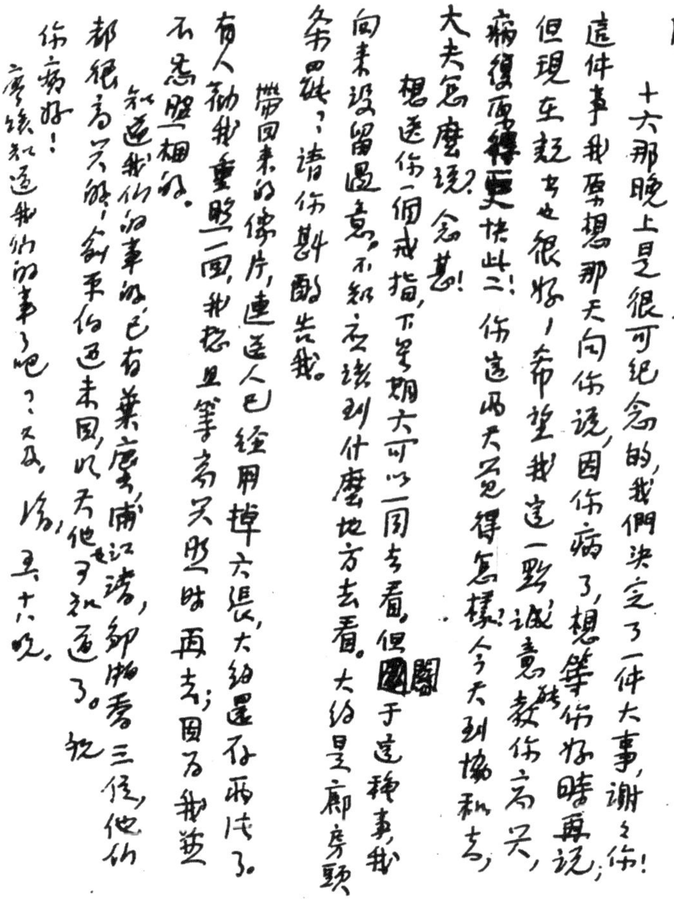

隐：

十六那晚上是很可纪念的，我们决定了一件大事，谢谢你！这件事我要想那天向你说，因你病了，想等你好时再说；但现在赶出也很好，希望我这一点诚意能教你高兴，病复原稍要快些！你这两天觉得怎样？今天到协和去，大夫怎么说？念甚！

想送你一个戒指，下星期大可以一同去看，但关于这种事，我向来没留过意，不知应该到什么地方去看。大约是廊房头条罢？请你斟酌告我。

带回来的像片，连送人已经用掉六张，大约还存两张了。有人劝我重照一回，我想且等高兴照时再去；因为我并不悉照相的。

知道我们的事的，已有叶麐，浦江清，邹湘乔三位，他们都很高兴的；俞平伯还未回，只有他也可知道了。祝你病好！

广铭知道我们的事了吧？又及。

清，五，十六晚。

①当晚，朱自清与陈竹隐订婚。②廊坊头条，胡同名，位于前门大街路西，是商业繁茂之地。著名的大同金店、天宝金店、三阳金店等均在这里。③叶麐（1893~1977），心理学家、翻译家、教育家。字石荪，以字行，四川古宋人。1921年北京大学哲学系毕业，旋留学法国里昂中法大学，1929年获博士学位。次年回国，历任清华大学、北京大学、山东大学、武汉大学、四川大学、西南师范学院等校教授。1957年被打成“右派”，1979年平反。与朱自清友善。④邹湘乔（189~1978），名树椿，字湘乔，山东蓬莱人，学者、书法家。曾任武汉大学教授，后随国民政府赴台湾。当时任清华大学中文系教员。

第 [35] 封 演戏

隐：

星期二所发一信，想收到了。我从星期二起盼望你的信；但到现在还没有！是不是你的病还未好，不能写呢？我很担心！希望明天可以得到你的信！

昨今两晚，女院体育系在协和礼堂[①]演戏，廖小姐想是去唱的。不知唱的什么？看报上记得很热闹，可惜分不出工夫去听听。你的病若是已可出门，想你一定去听的。

前两天此间学生因为校事颇有些紧张，近来才稍平静了。听说校长就要回来，一切事总该有些办法。但谁也猜不出是怎样一个办法？

昨天此间文书科来信，说领护照还得六张相片。我只剩三张，有三张已分送了浦、叶（廖）、邹三位；这时只好重行索回备用，真是可笑。幸而当时加印得多；不然，还要麻烦呢！祝你痊愈！

清

（一九三一年）五月二十一日

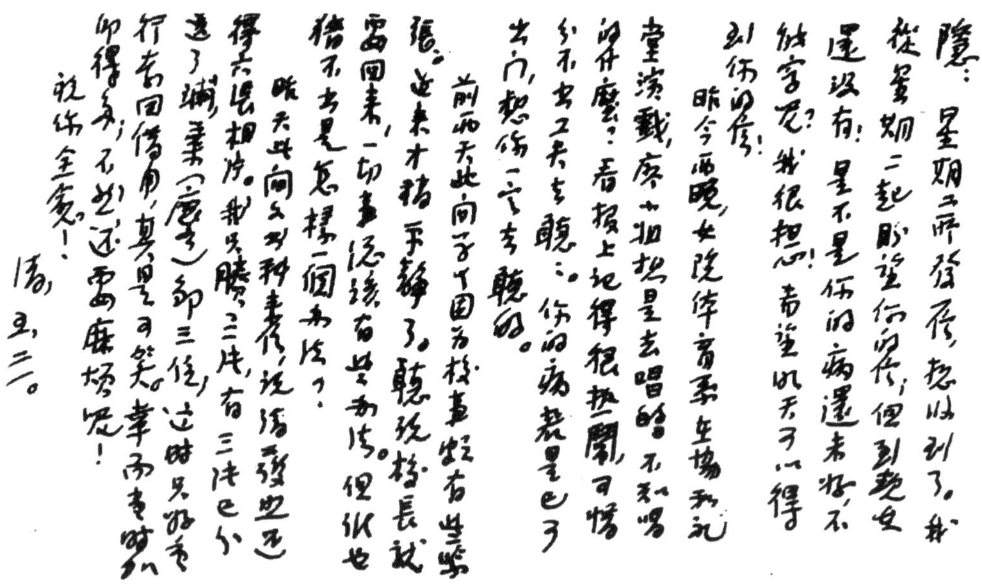

隐：星期二所发信，总收到了。我
从星期二起盼望你的信，但到晚上
还没有！是不是你的病还未好，不
能写呢？我很担心！希望明天可以得
到你的信！
昨今两晚，女院借音乐在协和礼
堂演戏，席中都热是去唱的。不知唱
的什么？看报上说得很热闹，可惜
分不出工夫去听听。你的病若是已可
出门，想你一定去听的。
前两天此间学生因为校事起有些紧
张，近来才稍平静了。听说校长就
要回来，一切事总该有些办法。但这也
猜不出是怎样一个办法了。
昨天收向文彬来信，说信发出还
得六星期呢。我只赚了三件，有三件已分
送了朋友，剩（三件）即三位，这时只好先
行寄回信来，真是可笑。幸而未曾收
即得了，不然还要麻烦呢！
祝你全愈！
清，五，二。

①协和医学院礼堂，位于东单三条，中式建筑，飞檐斗拱，古色古香。这里时常有话剧演出、学术演讲等，是北平有名的文化场所之一。

《第肆章》 小风波促情感

恋爱时，朱自清已经步入中年，『说话总有些玩世的态度』，而此时的陈竹隐风华正茂，本来就活泼好交友的她充满青春的活力。年龄差距、生活阅历和思维方式的不同，使得他们在交往过程中难免会产生一些误会。随着两人交往的深入，彼此也在逐渐心有灵犀。『我应该向你说一百回「请原谅」，但我一回没有说；我是希望你知道我的心！』因而两人之间的小风波也充满了甜味。

第[36]封 茶会

隐：

前晚说话太随便了，你该不至于生气吧？

你这两天身体觉得怎样？极念念！你的起居似乎不大有节制，睡得太晚，到底是不好的。希望你平日多保重些，即使不为你自己。

昨天四点半在青年会等车，偶一抬头，像看见戴叔瑶女士坐车过去。我来不及与她招呼，不知她看见我否。

每次进城回来，总觉累得慌。而星期一早上有三课，星期日晚不能休息，这是最苦的事。早上醒得很早，醒时依旧疲倦。近来每天醒得早，一半是天亮得早，一半是想——想谁？你猜猜看！

柳永[①]的词说，“一日不思量，也攒眉千度”[②]，现在觉得这话真有意味。前天有人说，做爱到订婚，订婚到结婚，总该有相当的距离，才有深长的意思。这个深长的意思大概就是“想”，是“思量”吧。

想也有种种不同。——你说你不会想，是不是？——一个人有想的自由，我也有我的；但是不敢告诉你，告诉你会挨骂的。

现在总想约你再到清华一趟，因为你知道，这里是最宜于我们自由谈话的地方。

我们预备举行的茶会，你想请些什么客人，请你先开出一张单子，好不好；将来发请帖也方便些。

清

（一九三一年五月）二十五日

昨计算茶会人数，只我一面，已在五十以上，此事尚待面商。

二十六日早

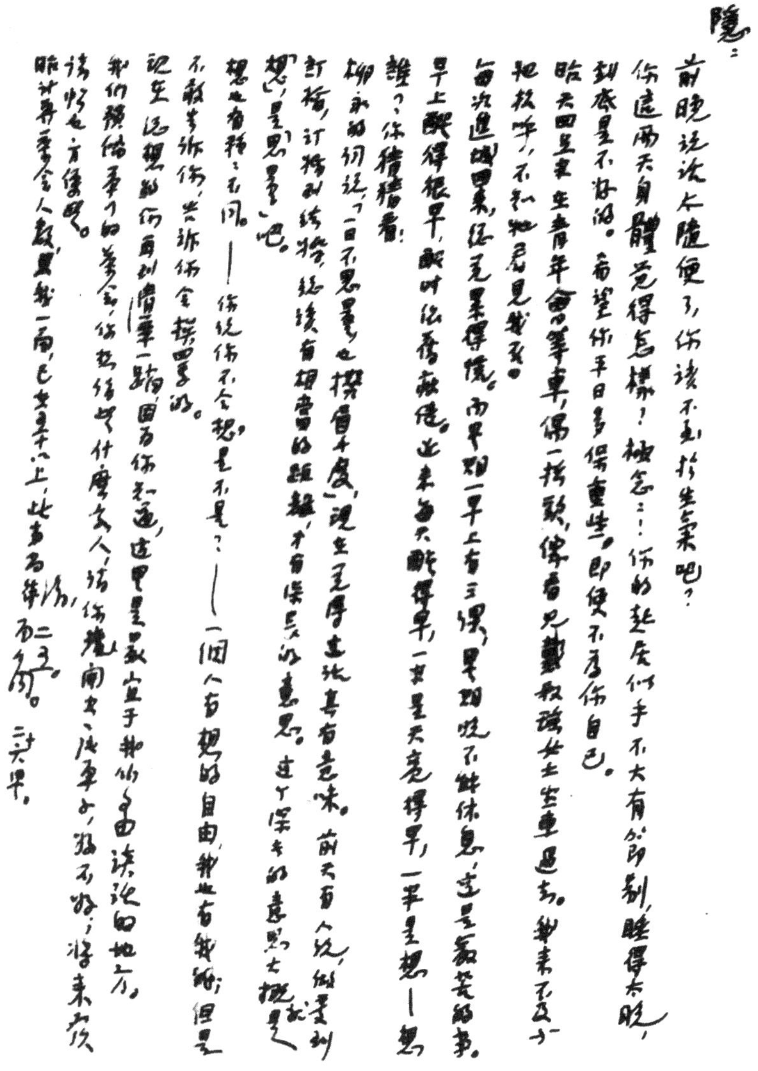
隐：
前晚说话太随便了，你该不至于生气吧？
你这两天身体觉得怎样！极念！！你的起居似乎不大有节制，睡得太晚，
起来是不好的。希望你平日多保重些，即使不为你自己。
昨天回来坐青年会的车，偶一抬头，像看见戴淑瑞女士坐车过去。我来不及去
招招呼，不知她看见我否。
每次进城回来，总觉累得慌。而早晨一早上有三课，早晨既不能休息，这是最苦的事。
早上醒得很早，醒时总舍不得起。此来每天醒得早，一来是天亮得早，一半是想——想
谁？你猜猜看！
柳永的词说："一日不思量，也攒眉千度。"现在觉得这话甚有意味。前天有人说，似是到
订婚，订婚到结婚，总须有相当的距离，才有深长的意思。这个深长的意思大概就是
想，是思量吧。
想也有种种不同。——你说你不会想，是不是？——一个人有想的自由，我也有我的；但是
不敢告诉你，告诉你会攒眉的。
现在总想约你再到清华一趟，因为你知道，这里是最宜于我们自由谈话的地方。
我们预备年下的茶会，你想请些什么文人，请你摊开单子，写下来，将来发
请帖也方便些。
昨计算茶会人数，只我一面，已在五十以上，此事尚待面商。
[illegible]
二十六早。

①柳永（约984~约1053），字耆卿，福建崇安人，北宋景祐元年（1034年）进士，北宋词坛“婉约派”代表。其词作流传甚广，有“凡有井水处，即能歌柳词”之称。②柳永《昼夜乐·洞房记得初相遇》：“洞房记得初相遇。便只合，长相聚。何期小会幽欢，变作离情别绪。况值阑珊春色暮。对满目，乱花狂絮。直恐好风光，尽随伊归去。一场寂寞凭谁诉。算前言，总轻负。早知恁地难拚，悔不当时留住。其奈风流端正外，更别有，系人心处。一日不思量，也攒眉千度。”

第[37]封 亲戚

亲爱的隐：

前日送你别后，甚为怅怅！你这两天好吧？南京的信大概该来了，他们路上都很好吧。

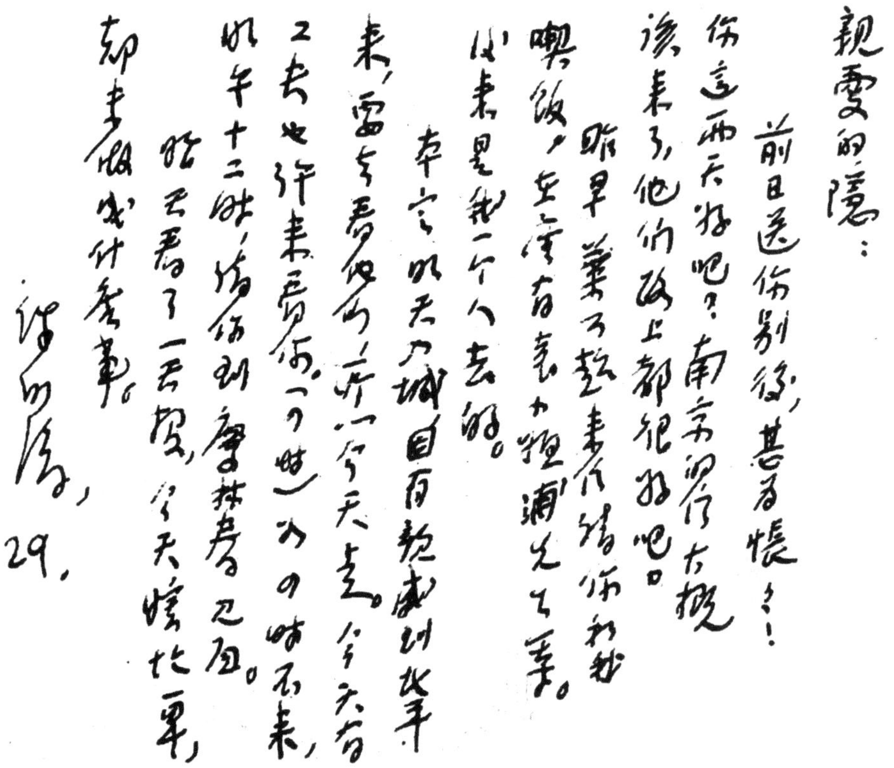
親愛的隱：
前日送你別後，甚為悵悵！
你這兩天好吧？南京的信大概
該來了，他們路上都很好吧。
昨早葉石蓀來請你和我
喫飯，在雲南大[illegible]浦先生家。
後來是我一個人去的。
本定明天入城，因[illegible]
來，[illegible]所以今天走。今天[illegible]
[illegible]
明午十二時，請你到[illegible]
[illegible]
[illegible]
[illegible]
29.

昨早叶公超[①]来信请你和我吃饭，在座有袁小姐、浦先生等。后来是我一个人去的。

本定明天入城，因有亲戚到北平来，要去看他们，所以今天走。今天有工夫也许来看你（四时），如四时不来，明午十二时，请你到庆林春见面。

昨天看了一天报，今天瞎忙一早，却未做成什么事。

你的清

（一九三一年五月）二十九日

①叶公超（1904~1981），学者，外交家。名崇智，字公超，以字行，广东番禺人。1920年留学美国，后转英国剑桥大学、法国巴黎大学留学，获硕士学位。曾任北京大学、上海暨南大学、中国公学、清华大学、西南联合大学等校教授。1941年弃教从政，进入外交系统，后随国民政府赴台湾任职。当时叶公超任教于清华大学外文系，与朱自清友善。他是朱自清与陈竹隐相识的男方介绍人。

第 [38] 封 回味

隐：

星期六到旅馆就睡下，昨早五时半就醒了，但到七点半才起来。这两小时一半是躺着休息，一半是回味前晚白塔下的光景。最不忘记的是你的笑；那迷人的笑，真叫我没有办法。还有下来时，你站起身，手在我手里，那一低头，也是很新的玩意儿。你说是不是？

回来接到舒新城[1]的信，请晚上在撷英[2]吃饭。下午与客人一同入城。客人中多北平名流。我未得终席，便搭清华同事的汽车回来，因为今早也许还有课。那

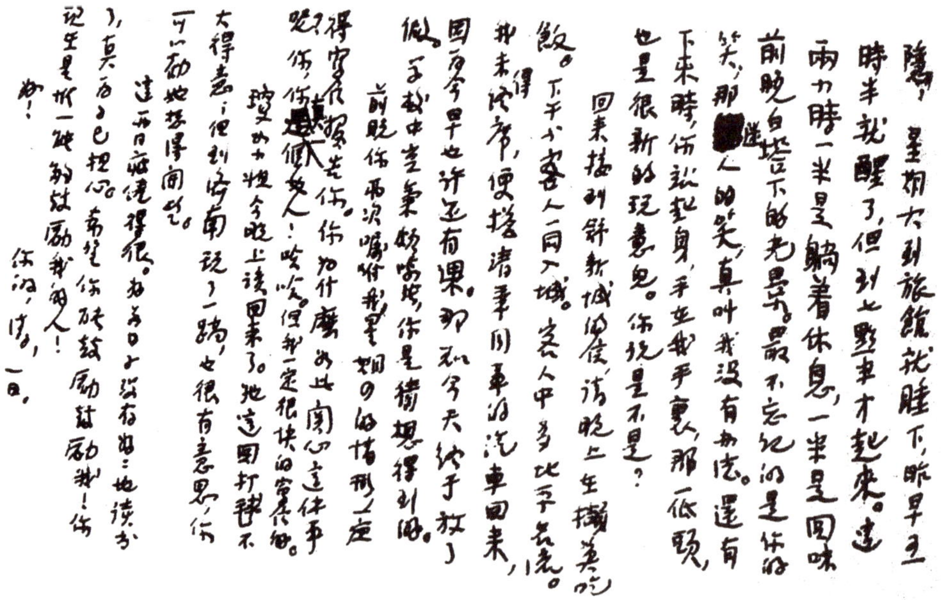

隐：星期六到旅館就睡下，昨早五時半就醒了，但到七點半才起來。這兩小時一半是躺着休息，一半是回味前晚白塔下的光景。最不忘記的是你的笑，那迷人的笑，真叫我没有办法。還有下來時，你站起身，手在我手裏，那一低頭，也是很新的玩意兒。你說是不是？

回來接到舒新城的信，請晚上在撷英吃飯。下午與客人一同入城。客人中多北平名流。我未得终席，便搭清華同事的汽車回來，因為今早也許還有課。那知今天竟于放了假。了我心中空虚的紧，你是猜想得到的。

前晚你兩次嘱咐我些娴的的情形，一定得实在报告你。你为什麼如此関心這件事呢？你，你這個人！唉，唉，但我一定很快的实在报告。

璧如今晚上該回来了。她這回打球不大得意，但到济南玩了一路，也很有意思，你可以劝她按序前进。

這两日心境很清。为着日上没有好好的读书，真有点担心。希望你时鼓励鼓励我！你是我唯一能鼓励我的人！你的，清，一日。

知今天终于放了假。学校中空气颇紧张，你是猜想得到的。

前晚你两次嘱咐我，星期四的情形，一定得写信报告你。你为什么如此关心这件事呢？你，你真是一个女人！哈哈。但我一定很快地写信的。

琼如小姐今晚上该回来了。她这回打球不大得意；但到济南玩了一趟，也很有意思，你可以劝她想得开些。

这两日疲倦得很。好多日子没有好好地读书了，真为自己担心。希望你能鼓励鼓励我！你现在是惟一能够鼓励我的人！

祝好！

你的清

（一九三一年六月）一日

---

①舒新城（1893~1960），出版家、教育家。湖南溆浦人。1917年毕业于湖南高等师范。历任湖南省立一中、福湘女学教务主任、上海中国公学中学部主任，南京东南大学附中研究股主任，成都高等师范学校教授。1928年进入中华书局，任编辑所所长、图书馆馆长，主编《辞海》。新中国成立后历任新版《辞海》主编、全国人大代表、上海市政协副主席等。在中国公学中学部时期，朱自清曾和舒新城同事。②撷英番菜馆，位于前门外廊房头条，是北平著名的西餐厅之一。

第[39]封 某君

隐：

这是星期五早晨，还没有接到你这一周的第一信而已写着给你的第二信的早晨。早安，小姐！

某君昨天下午来，她是为询问研究所和三年级转学情形而来的。她一点到此。我陪着去要了两份章程，又去看生物馆与气象台，又去吃了冰淇淋。五点送她上车入城。

学校的事，似乎稍可乐观，但还不大能确定。

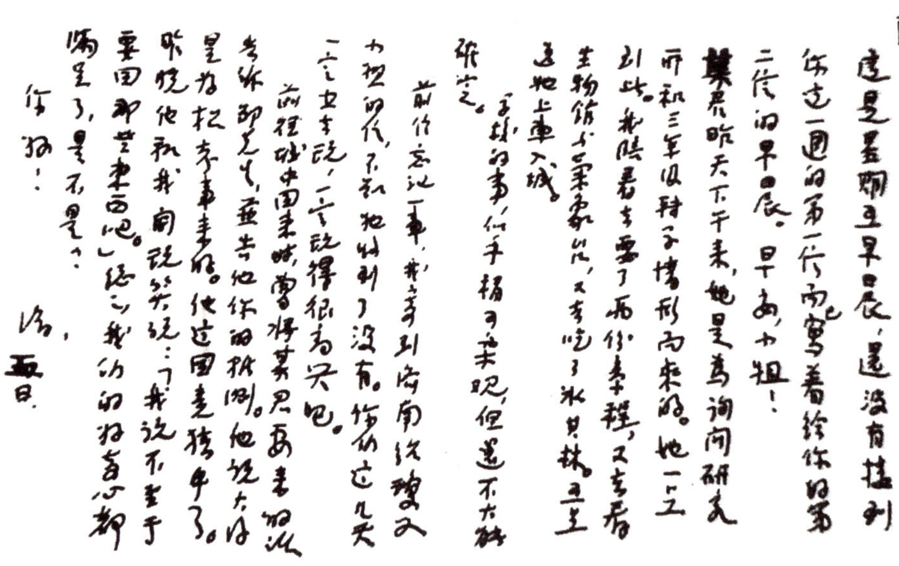
隱：

這是星期五早晨，還沒有接到你這一週的第一信而已寫着給你的第二信的早晨。早安，小姐！

某君昨天下午來，她是為詢問研究所和三年級轉學情形而來的。她一點到此。我陪着去要了兩份章程，又去看生物館與氣象台，又去吃了冰淇淋。五點送她上車入城。

學校的事，似乎稍可樂觀，但還不大能確定。

前信忘記一事，我曾寫到[illegible]小姐的信，不知她收到了沒有。你們這幾天一定[illegible]，一定說得很高興吧。[illegible]從中國來時，曾將某君要來[illegible]告訴[illegible]，並告他你的[illegible]。他說大[illegible]是[illegible]事。他這回是猜中了。聽說他和我開玩笑說：「我說不要[illegible]要回[illegible]吧。」總之我們的[illegible]都猜中了，是不是？

你的

清，

五日。

前信忘记一事，我寄到济南给琼如小姐的信，不知她收到了没有。你们这几天一定出去玩，一定玩得很高兴吧。

前从城中回来时，曾将某君要来的话告诉邹先生，并告他你的推测。他说大约是为招考事来的。他这回竟猜中了。昨晚他和我开玩笑说："我说不至于要回那些东西吧。"总之，我们的好奇心都满足了，是不是？

你好！

清

（一九三一年六月）五日

第[40]封 洗牙

隐：

昨晚送你到女院时，车上已觉昏倦，到李阁老胡同路上亦然；因为酒喝得也不少。江五弟将床让给我睡，睡得很好。今早醒得很早，因为早上我照例是睡不着的；况且六点时就有人大叫"开壶"了。

到李家洗了脸，取了东西，就到东城洗牙。今天运气好，同仁大夫居然得空。洗了约一点钟，颇有新鲜的感觉。大夫劝我每年洗一次，他说我的牙很好，好极了。我颇得意地到青年会上车。

回来吃了饭就有客人来谈，谈到六点钟，接着又去俞宅玩牌，现在才完。这几天累极了，精神不大好，今晚要好好休息一下。明天想看一天卷。

（以上星期四晚写）

我的护照与留学证书等，昨已送来，但有用与否，殊不可知。

明天下午，我决定径赴北海，在那里和你见面。这回不到练琴室，却是一个例外。

这几天虽然疲倦，但前天下午却给我新的振作。你的衣服，我很喜欢，如汪汪的潭水。一见你眼睛便清明起来。我更喜欢看你那晕红的双脸，黄昏时的霞彩似的。谢谢你给我的力量！

你的清

（一九三一年六月十二日）星期五早写成

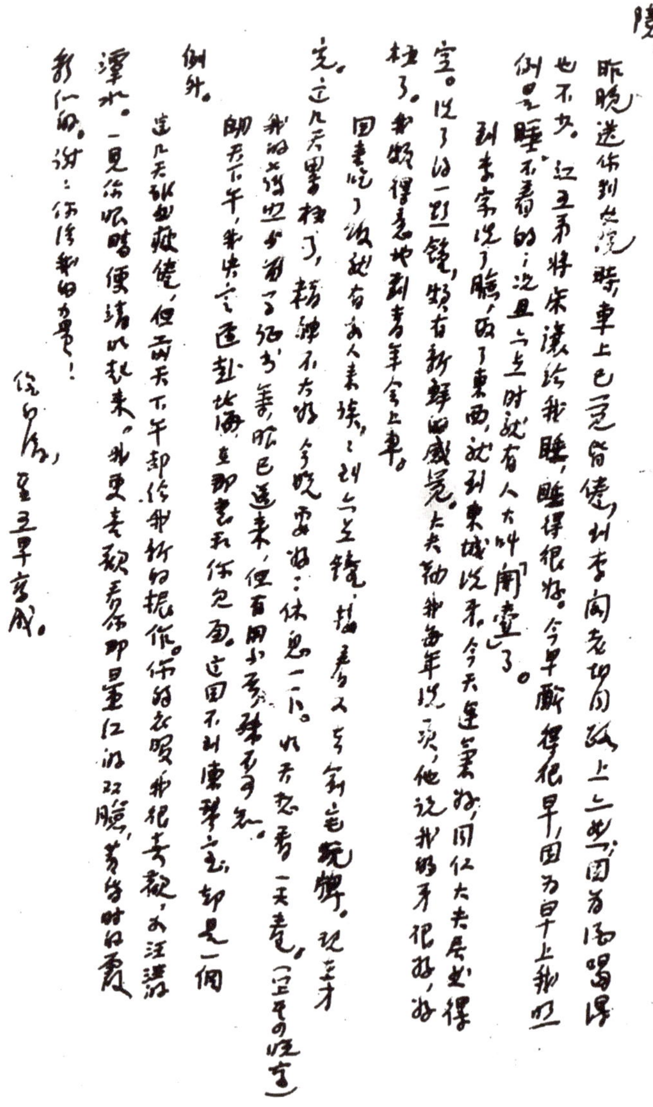
隐：

……

明天下午，我决定径赴北海，在那里和你见面。这回不到练琴室，却是一个例外。

这几天虽然疲倦，但前天下午却给我新的振作。你的衣服，我很喜欢，如汪汪的潭水。一见你眼睛便清明起来。我更喜欢看你那晕红的双脸，黄昏时的霞彩似的。谢谢你给我的力量！

你的清，星五早写成。

第 [41] 封 希望

隐：

昨晚在公园默坐，很有意思；尤其后来在龙爪槐下那一会，那时我们说到我们间曾起过的小小风波，觉得苦中有多少甜味。我应该向你说一百回“请原谅”，但我一回没有说；我是希望你知道我的心！外国有句话“全了解，全谅解”，我相信不会错。但我是中年人，说话总有些玩世的态度；昨晚有些话不免有这种意味，可是你要明白我就是这么一回事，你一定不会太认真的。你后来到底不是让我好好地亲了一下么？谢谢你！

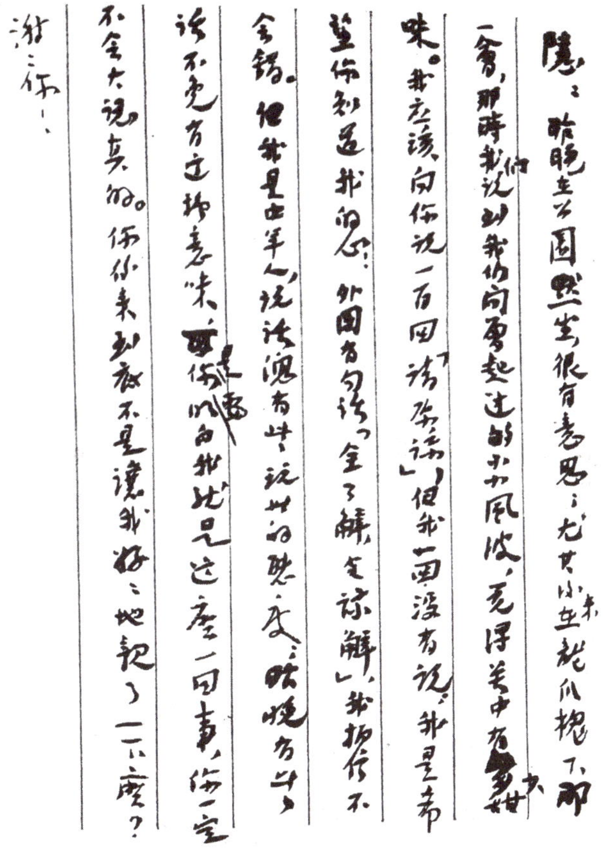
隐：昨晚在公园默坐，很有意思；尤其后来在龙爪槐下那一会，那时我们说到我们间曾起过的小小风波，觉得苦中有多少甜味。我应该向你说一百回“请原谅”，但我一回没有说；我是希望你知道我的心；外国有句话，“全了解，全谅解”，我想不会错。但我是中年人，说话总有些玩世的态度；昨晚有些话不免有这种意味，可是你要明白我就是这么一回事，你一定不会太认真的。你后来到底不是让我好好地亲了一下么？谢谢你！

告诉你一件不快的事，请别说给我们外任何一个人。昨天此地教授会议决，电教育部反对校长，如不成即辞职，请每人自由签名[1]。

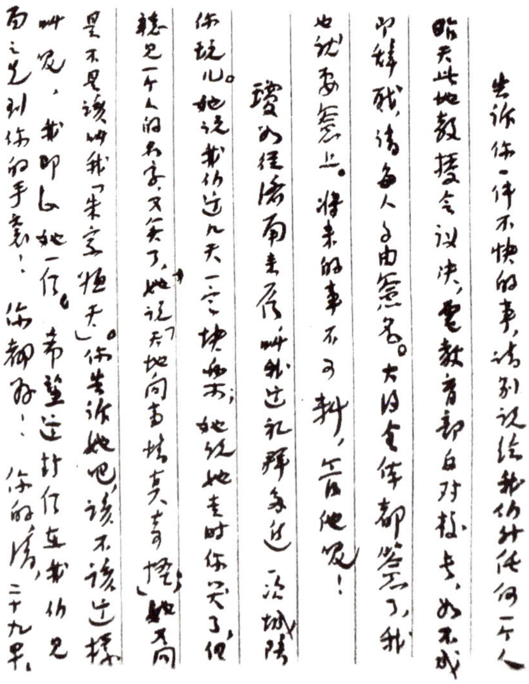
告诉你一件不快的事，请别让给我们外任何一个人
昨天此地教授会议决，要教育部另外找校长，如不成
即辞职，请各人自由签名。大约全体都签了，我
也就要签上。将来的事不可料，管他呢！
琼如从济南来一信，叫我这礼拜多进一次城陪
你玩儿。她说我们这几天一定快乐；她说她走时你哭了，但
听见一个人的名字，又笑了，她说「天地间事情真奇怪」；她又问
是不是该叫我「朱家姐夫」。你告诉她吧，该不该这样
叫呢，我即复她一信。希望这封信在我们见
面之先到你的手里！你都好！你的清 二十九早

大约全体都签了，我也就要签上。将来的事不可料，管他呢！

琼如从济南来一信，叫我这礼拜多进一次城陪你玩儿。她说我们这几天一定快乐；她说她走时你哭了，但听见一个人的名字，又笑了，她说“天地间事情真奇怪”；她又问是不是该叫我“朱家姐夫”。你告诉她吧，该不该这样叫呢，我即复她一信。希望这封信在我们见面之先到你的手里！你都好！

你的清

（一九三一年五月）二十九日早

①1931年4月，吴南轩就任清华大学校长。他到校后，被认为大权独揽，任用私人，擅改学校规程惯例，不图发展学术，蔑视教授人格，挑拨师生关系，引起清华师生公愤，遂爆发驱吴运动。教授会发布《四十八教授态度坚决之声明》，要求教育部“另简校长，重议规程”，称“倘此问题不能圆满解决，定于下学年与清华脱离关系”。朱自清5月8日信称“我们的教授会昨开会，校长未到。情形似颇僵，将来究竟不知如何收场”；5月21日信称“前两天此间学生因为校事颇有些紧张”；6月1日信称“学校中空气颇紧张”，均与此事有关。在全校师生的强烈抗议下，吴南轩不久即去职。

第[42]封 想你

亲爱的隐妹：

城里回来，累极了，直到你的信来才写这信。你有些等得心焦吧！

那晚上果然谈到你。李先生说你很漂亮，身材很苗条，态度很大方。他说定在二十七（阴历）请我们，我想你一定高兴去的。但他未定地方，临时再告你吧。

今早醒来，因倦懒得起来，模模糊糊地直想着你，直想到非非的境界。我这一年被你牵引得真有些飘飘然；现在是一个多月了，不曾坐下看一行书。你，你这可恨的！你说这光景是苦不是甜；不错，但深一些说，这正是“别一种滋味在

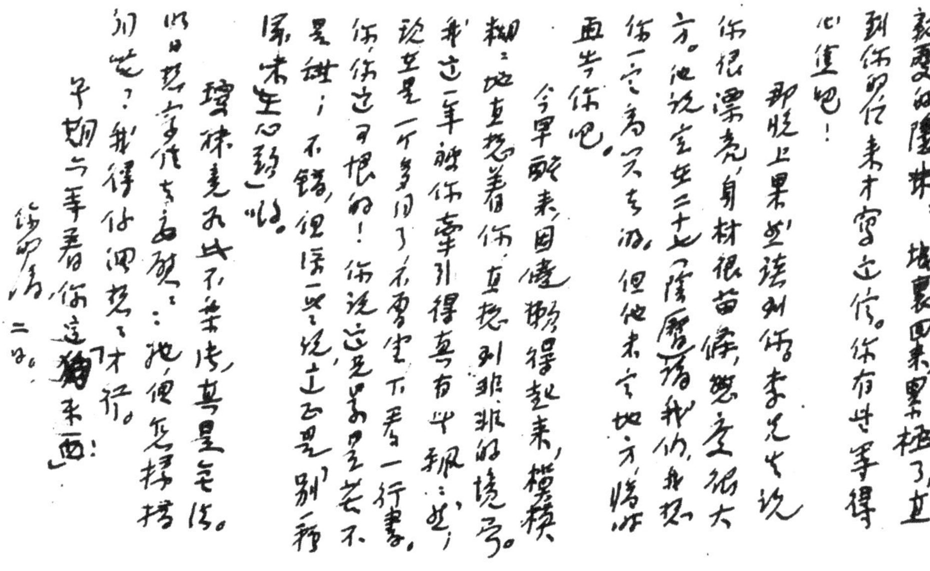

心头”哟。

琼妹竟如此不乐张，真是无法。明日想写信去安慰安慰她，但怎样措词呢？我得仔细想想才行。

星期六等着你这“狗东西”！

你的清

（一九三一年七月）二日

第 [43] 封 “胡”闹

亲爱的隐：

前晚在南海[①]，不免有些胡闹，该能原谅我！下回是，遵你的吩咐，不敢再那么闹了。但我那回闹其实也不算很“胡”，因为我知道你心里不好受，闹一闹也许暂时高兴一下；我的这番苦心，你该不说是“遁辞”吧？

那晚到女师大，不得入门，确令我有些为你可怜。你这样地飘泊无依止，我们又不能马上结婚；虽然至多也只须再飘泊一年，但这滋味是并不好受的，我知道。又想到你的伶仃的身世，觉得有许多感慨。

那晚在女大睡得还好吧？哭了没有？别离的悲戚不是可以劝的，我不能说什么；只希望快快地平静下来，变为不时的思念，那就好得多了。

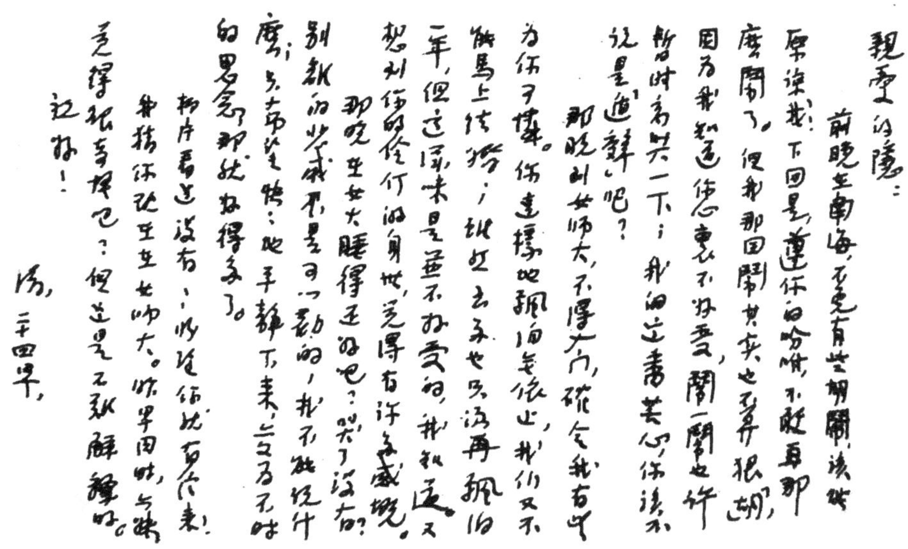
親愛的隱：
前晚在南海，不免有些胡闹，该能
原谅我；下回是，[illegible]你的吩咐，不敢再那
么闹了。但我那回闹其实也并非很胡，
因为我知道你总不好受，闹一闹也许
暂时可笑一下；我的这番苦心你该不
[illegible]吧？
那晚到女师大，不得[illegible]，确令我有些
为你可怜。你这样地飘泊无依止，我们又不
能马上结婚；现在至多也只得再飘泊
一年，但这原来是并不好受的，我想这，又
想到你的从前的身世，觉得有许多感慨。
那晚在女大睡得还好吧？哭了没有？
别说[illegible]不是可以劝的，我不能说什
么；只希望你能平静下来，[illegible]
的[illegible]，那就好得多了。
相片看过没有？盼望你就有信来！
我猜你现在在女师大。昨早回时，六妹
觉得很奇怪吧？但这是不难解释的。
祝好！
清，二十四早，

相片看过没有？盼望你就有信来！

我猜你现在在女师大。昨早回时，六妹觉得很奇怪吧？但这是不难解释的。

祝好！

清

（一九三一年七月）二十四日早

①南海，位于北平市中心，在中海之南，与中海水域相连，是北平城中风景最优美的地方。民国以前一直是皇家花园。民国年间曾一度对民众开放。后与中海合为中南海。

第[44]封 赵君

亲爱的宝妹妹：

你的信使我不知怎样才好：你这可恨的“小东西”！我为了你，这些日子老是不能安心念书。我生平没有尝过这种滋味；很害怕真会整个儿变成你的俘虏呢！

我真恨死了前两天的雨，使我们玩得不痛快！昨天早上冒雨和赵君[①]参观北平图书馆[②]。看得很详细，觉得极有意思。后来上中国旅行社[③]打听车票的事。因为早上喝粥太多（最爱喝赵家的粥），便到青云阁[④]吃萝卜丝饼。本想到周作人先生处去，因电车不通而罢，四点半车回来，倦乏之至。——但是并没有忘记想你！

本想星期五早进城，玩一天。今天听说星期五下午要开教授会选举院长。此

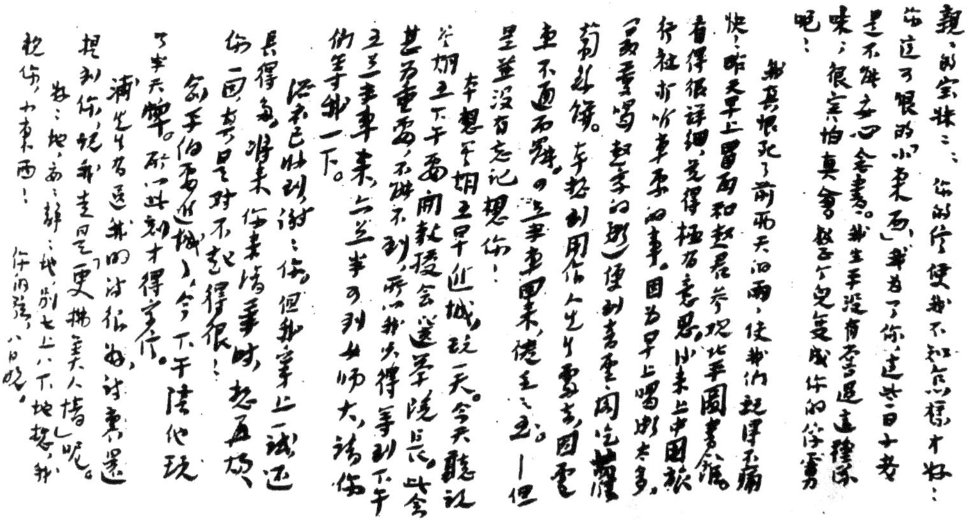

親愛的宝妹妹：

你的信使我不知怎樣才好：你這可恨的「小東西」！我為了你，這些日子老是不能安心念書。我生平没有嘗過這種滋味；很害怕真會整个兒變成你的俘虜呢！

我真恨死了前兩天的雨，使我們玩得不痛快：昨天早上冒雨和趙君參觀北平圖書館，看得很詳細，覺得極有意思。後來上中國旅行社打聽車票的事。因為早上喝粥太多（最愛喝趙家的粥）便到青雲閣吃蘿蔔餅。本想到周作人先生處去，因電車不通而罷，四點半車回來，倦乏之至。——但是並没有忘記想你！

本想星期五早進城，玩一天。今天聽說星期五下午要開教授會選舉院長，此會甚為重要，不能不到。所以我只得等到下午三點半車來；六點半可到女師大，請你們等我一下。

会甚为重要，不能不到，所以我只得等到下午五点半车来，六点半可到女师大，请你们等我一下。

浴衣已收到，谢谢你。但我穿上一试，还长得多。将来你来清华时，想再烦你一回，真是对不起得很！

俞平伯要进城了，今下午陪他玩了半天牌。所以此刻才得写信。

浦先生有送我的诗很好，诗里还提到你，说我走是“更拂美人情”[5]呢。

好好地，安安静静地，别七上八下地想，我亲你，小东西！

你的弦

（一九三一年八月）八日晚

---

①赵万里（1905~1980），版本学家、敦煌学家。字斐云，浙江海宁人。1921年入东南大学中文系。历任清华大学国学研究院助教，北平图书馆中文采访组和善本考订组组长，兼中央研究院史语所特约研究员、通讯研究员，故宫博物院图书馆和文献馆专门委员。1929年后在北京大学、清华大学、辅仁大学、中国大学等校任教。后任北平图书馆编纂委员、购书委员会委员、善本部主任，北京图书馆研究员兼善本特藏部主任。与朱自清往还密切。②北平图书馆新馆，位于文津街，1931年落成，占地面积76亩，建设经费来自于退还的庚子赔款，共耗银二百四十多万元。外观为中国传统的官殿式结构，内部为当时最先进的西式设施，是远东最先进的图书馆之一。馆藏书籍四十余万册，古籍三万余册，金石拓片八千余幅，还有寄存图书六千余种三万余册，其中包括原藏于承德文津阁的《四库全书》等珍本。由此，将所在地原西安门大街东段更名为文津街。其址今为中国国家图书馆分馆的主楼——文津楼。朱自清去参观时，北平图书馆新馆刚落成。③中国旅行社，前身是上海商业储蓄银行旅行部，由银行创始人陈光甫1923年8月1日创办，1927年6月在上海自立门户，更名中国旅行社。它是中国第一家旅行社，也是民国年间中国唯一一家在全国连锁经营的大型旅游公司。④青云阁，位于前门大栅栏西街，是一座综合性商场，集购物、娱乐、饮食、品茗、服务为一体，是达官贵人、文人雅士品茗访友的雅致场所。⑤浦江清《赠别佩弦》：“已作天涯客，胡为更远行？尽伤朋旧意，忍拂美人情。俄岭冰千叠，英京海百程。相看万里别，送子泪纵横。”

第[45]封 房子

亲爱的宝宝：

昨天十点半回来，到校门口就有客。下午至晚上又陆续来客，倦息不堪！晚上通电话时，又值电机有病，听不清白，因此说话不免有粗鲁的地方，你总可原谅吧，我的宝！

这两天心里和身体一样乱得异常！你们租定南海的房子，很好。但家具、伙食、茶水等项不知如何办理。我还是不免担心。今晚想与平伯通电，若他肯借房子，很想约你来住些日子。但自然得你耐得住这里的寂寞；这件事明天再面商吧。

我明天五时半准到南海卍字廊[1]附近探访你。因为我太疲倦，不想到女师大扑一个空了。谅之！

你的清

（一九三一年八月）十五日

①南海公园的卍字廊，是原皇家园林中的一处精美的回廊景观，今不存。

亲爱的宝宝：

昨天十时一刻回来，到校门儿就有文。下午五[illegible]晚上又陆续来文，使我忙不堪！晚上还要写信，又值电机有病，点不清白，因此说话不免有粗鲁的地方，你原可原谅他，我的宝！

这两天总能和你作[illegible]，[illegible]异常！你们想念南海的房子，很好。但你累，休息，柔和等项，不要以为理。我还是要担心。今晚想[illegible]这[illegible]，若他肯借房子，很想请你来住些日子。但总得你能得住这里的安宁。这件事明天再面商吧。

我明天上午要来到南海[illegible]附近接你。因为我太想你，不想[illegible]一个字了。你[illegible]！

你的[illegible]

十五日。

《第伍章》小离别遥思念

1931年8月，朱自清到欧洲游学。这对正处于热恋中的人是多么的难熬！在这些信中，他关心陈竹隐的起居饮食；他精心挑选送给她的礼物；他不厌其烦地述说国外的见闻；他因收不到她的信而着急；他计较她与别人合演《琴挑》……真挚的思念之情溢于言表。在这些日常琐碎中，两颗心越靠越近，也为后来的一段婚姻佳话奠定了扎实的情感基础。

第 [46] 封 旅程

亲爱的隐妹：

早晨的别，你居然能够不流泪，真有些出我意外，但是很好。我知道你的心，在你微笑底下的你的心；你的心是苦的，我知道。你回去也许终于忍不住要流泪，但是我总希望你宽心些。

车[①]上最末的一瞥到你，我永久不会忘记。下午在车中睡着了，梦中模模糊糊地似乎总没有离开你。你现在在做些什么呢？愿你好好地和她们玩着！

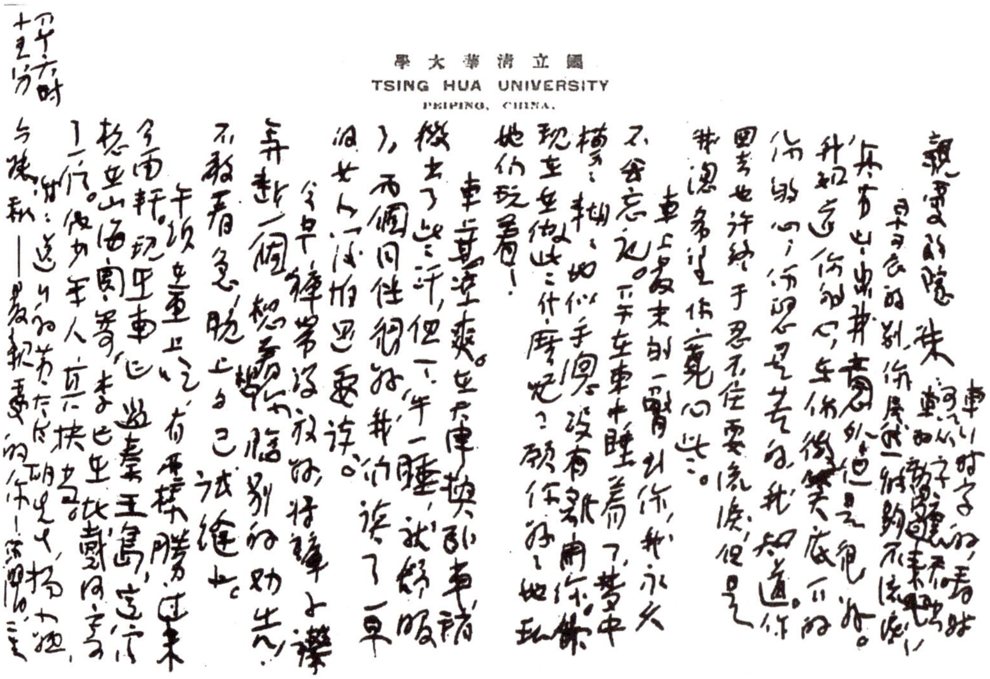

车上甚凉爽。在天津换卧车，稍微出了些汗，但下午一睡，就舒服了，两个同伴很好[②]，我们谈了一早的女人，以后怕还要谈。

今早裤带没放好，将裤子襻弄断一个，想着你临别的劝告，不敢着急，晚上想自己试缝上。

午饭在车上吃，有两样胜过来今雨轩[③]。现在车已过秦皇岛，这信想在山海关寄，李已在北戴河寄了一信。他少年人，真快当。

谢谢送行的黄太太、胡先生[④]、杨小姐、六妹，和——最亲爱的你！

你的清

（一九三一年）八月二十二日

下午六时十五分

车行时写的，看时可以从字里看出车的动荡来吧！

---

①朱自清当日动身赴英国访学。当时赴欧洲旅行，通常有两条路线：一是从上海坐邮轮穿红海、苏伊士运河到欧洲，一是坐火车由中东铁路经苏联西伯利亚到欧洲。②“两个同伴”即下文出现的“徐君”和“李君”。徐君指徐士瑚（1907～2002），教育家、学者。山西五台人。1925年入清华学校外文系。历任山西大学英语系教授兼系主任、文学院院长、教务长、代理校长，西北联合大学教授，山西大学校长，北方交通大学教授等。李君指李健吾（1906～1982），作家、戏剧家、文艺评论家、翻译家、学者。山西运城人。1925年入清华学校中文系，因对创作感兴趣，遂接受朱自清建议转外文系。曾任职任教中华教育基金会、上海暨南大学等。全面抗战期间在上海从事进步戏剧运动，抗战胜利后与郑振铎合编《文艺复兴》，并参与筹建上海实验戏剧学校，任戏剧文学系主任。新中国成立后任中国科学院文学研究所、外国文学研究所研究员。当时徐士瑚和李健吾刚从清华外文系毕业，分赴英国爱丁堡大学和法国留学，与朱自清同行。③来今雨轩，位于中山公园内坛墙东南角外，始建于1915年，经营西餐兼营茶座。主体建筑有浓郁的中国古典风格，小桥流水，树石掩映，环境优美，是社会名流、文人雅士喜爱的聚会之所。④胡秋原（1910～2004），历史学家、政论家、作家。湖北黄陂人。先后在武汉大学、复旦大学、日本早稻田大学求学。历任国民党参政员、国防委员会秘书、《中央日报》副总主笔、立法委员，复旦大学、上海暨南大学教授等。曾以“自由人”身份参加20世纪30年代的文艺论战。后随国民政府赴台湾，晚年致力于两岸统一大业。

第 [47] 封 南海

亲爱的隐妹：

昨在山海关发一信，想可先到。我今早到沈阳。他们都在写信，我也写信给你。你昨晚睡得好吗？在云绘楼[①]？在纯一斋[②]？你想到我在那儿吗？动身前你常说明日此时你在那儿那儿，动身后你一定想的，是不是？

我们写完信，打算缝裤子。完了就出去玩儿。想到沈阳是你的旧游，就记起你亭亭的影子，但那儿有你的踪迹呢？

昨天你到车站，用我的话，穿了那件布衣，我很喜欢。你的衣服里，我最喜欢的是那件布衣，好好地穿，好好地收藏吧。明年回来，我还愿意看见你穿它的。

南海的局面快散了，真令我们这些有着传统的感伤的人有些不舒服。六妹几时回去，杨小姐几时回去？黄太太必住得久些，你想是陪她住着吧？胡先生几时走？也极念。南海这一个夏天，我觉得过得最有意親愛的隱妹：昨在海関發一信，想可先到。我今早到瀋陽。他們都在家信，我也寫信給你。你昨晚睡得好嗎？在靈合樓？在池一邊？你想到我在那兒嗎？新月前你常說明日此時你在那兒那兒，新月後你一定想明是不是？

我們寫完信，打開隨箱子。完了就出去跑跑兒。想到瀋陽是你的舊游，就記起你為了的影子，但那兒有你的蹤跡呢？

昨天你坐車說，用我的話，穿了那件布衣，我很喜歡。你的衣服美，我最喜歡的是那件布衣，好好地穿，好好地收藏吧。明年回來，我還想要看見你穿她的。

南海的局面快散了，真令我們這些有着依戀的感傷的人有點感覺。六妹几时回去，楊十姐几时回去？芳太太必得久些，你想也隨她們去嗎？姐姐先生几时走也拉定。南海這一個夏天，我竟得過得最有意思，這個意思不是這封信所能說的，有機會我寫一本書吧。

「我在這兒沒見着，真是想想。她現在回來沒有？聽說她在北平就事，並且在這一年之內要叫一个字人！

請寄一本橋樹傳給我的孫女余璋，請你題上字。她在南京馬府衛女子中學附小。你好。

作則信，二十三

思！这个意思不是这封短信所能说；有机会我写一小文吧。

二娃这次没见着，真是怅怅！她现在回来没有？盼望她在北平就事，并且在这一年里找到一个爱人！

请寄一订婚相片给我四妹及翕庭[3]，请你题上字。她在南京马府街女子中学附小。你好！

你的清

（一九三一年八月）二十三日

---

①云绘楼，位于南海东岸，始建于清乾隆年间，是一组具有江南风格的三层建筑，坐西面东。它与坐南朝北的两层建筑清音阁以复式凉亭相连，两者珠联璧合，浑然一体。1954年迁址陶然亭公园重建。②纯一斋，位于中海南侧，丰泽园西北，附近有春耦斋、崇雅殿、静憩轩、怀远斋等，均为皇家建筑。址在今“中南海”范围内。③朱玉华（1908~1989），朱自清四妹，生于扬州。南京高等女子师范学校毕业，先后任职任教于昆明女青年会、松江某中学，后随夫去台湾，任教于台北市复兴小学。周翕庭（1904~1983），江苏东台人。日本早稻田大学经济系毕业，历任成都空军军士学校政治部主任、陕西城固县县长等。后赴台湾在军界任职。

第[48]封 哈城

亲爱的隐妹：

廿四日到哈，连日忙办护照签字事。中间也略为游玩。

哈尔滨街道里满眼是俄国人，一切生活都纯粹外国化，但并不讨厌，我觉得决不像上海的诡，青岛的贵。但只有文明而无文化，久居恐不能堪。

昨到松花江划船，船桨甚佳，河面又宽，比北平“三海”[①]痛快多了。照相两帧寄赠，又小玩物十一件，在车最近摄景一张，并寄。我们今天走。

你的清

（一九三一年）八月廿六日

①指北海、中海、南海。今北海成为北海公园，中海和南海合为中南海。

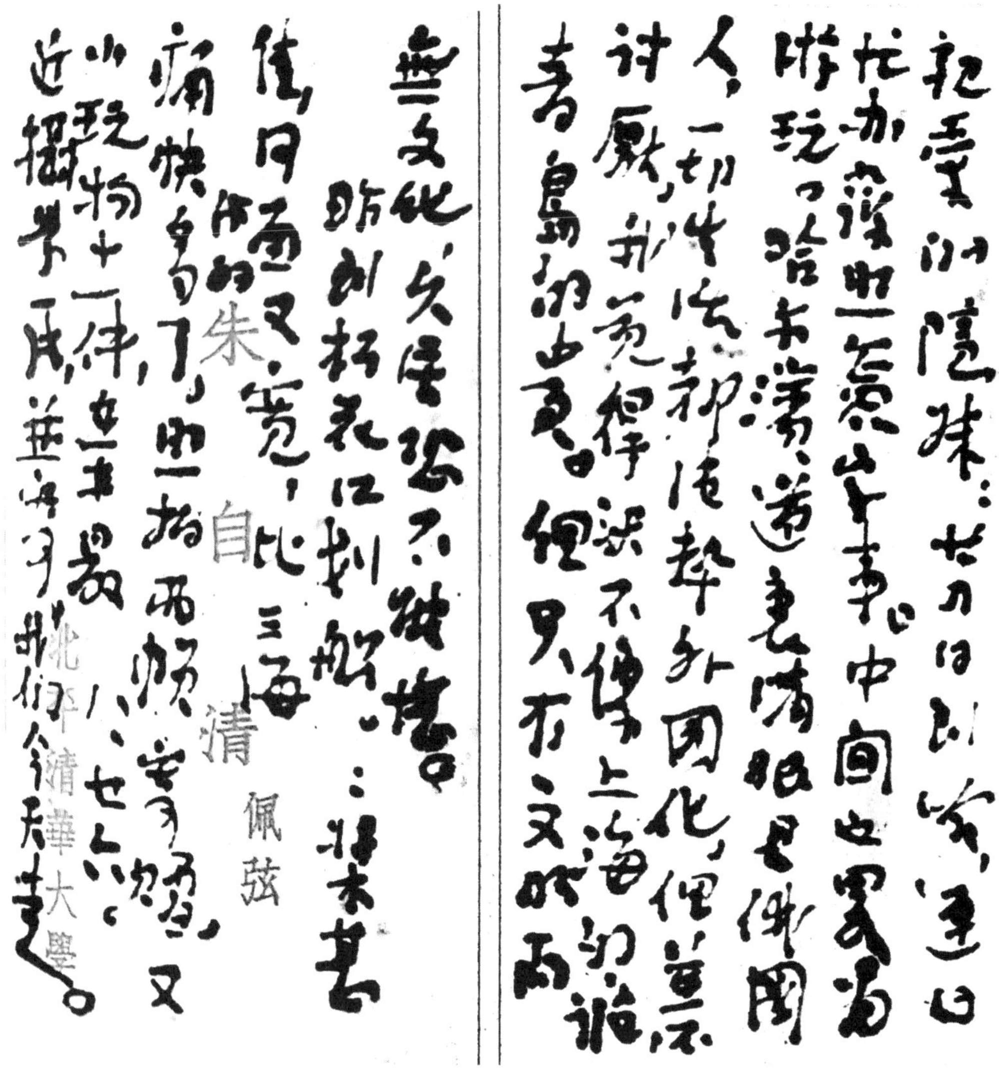

亲爱的隐妹：廿八日到此，连日
忙于应酬，无一点空闲，中间也曾为
游玩，吟东湾、游逛也请很是闲
人，一切生活都仿外国化，但並不
讨厌，我觉得决不像上海的论
青岛的山色，但只不文明两
无文化，久居恐不能堪
昨到杨花江划船：：快甚
信，日前又觉，比三海
痛快。你的身自了，四一指而烦，安好否，又
小孩物十一件，在上海最
近摄景，并此问你们今天是
八、廿六
朱自清
佩弦
北平清华大学

第[49]封 车程

亲爱的隐妹：

我现在已过海拉尔了。昨日下午三时开车，我们乘的三等车与内地二等相似，夜间睡眠甚好，车极干净，但早晨抢洗脸房，颇费事耳。

车行所过，一望草原，山亦不多。晚间天上月已将圆，照此荒寂之原野，殊令人增离别之感。想上月这两天，我们正在南海看月；那时你说到下月此时你不想出来，但你想不到我从车窗里看大平原上的月吧。你这两天做些什么呢？旅行最苦的得不着人的信。今日下午过满洲里便入俄境，当更有寂寞之感。到满洲里后须检查行李，不免有些麻烦；有些新买的东西也许还要上税，此车中饭极贵，昨晚三人一餐费七八元之多。

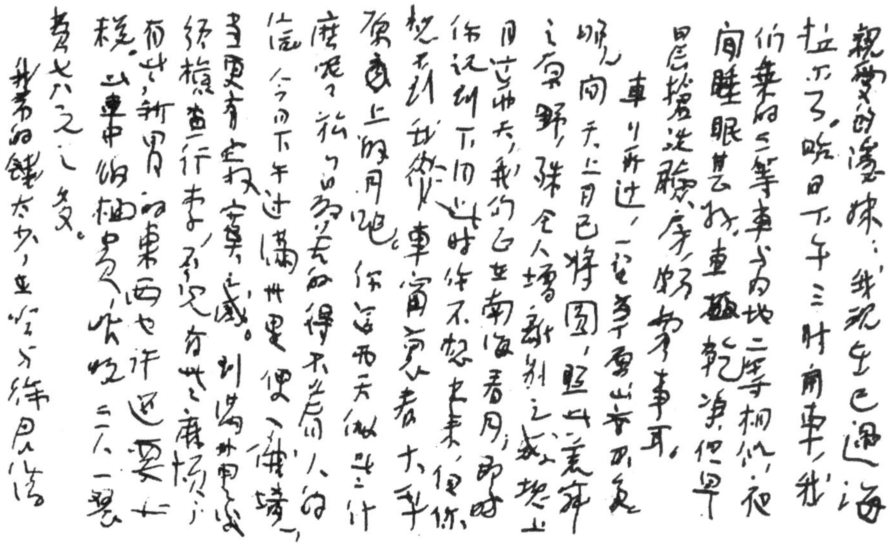

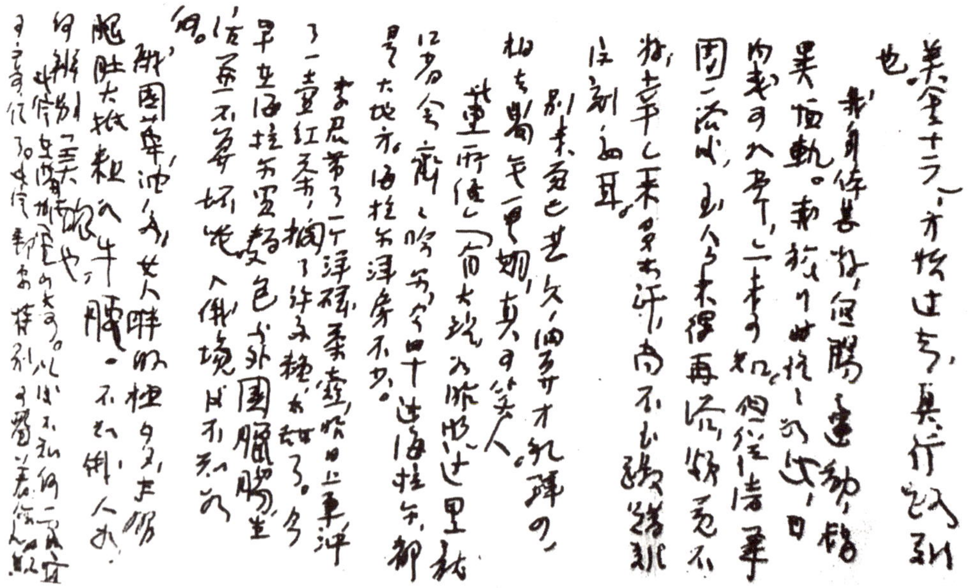

我带的钱太少，在哈与徐君借美金十元，方始过去，真行路难也。

我身体甚好，但肠之运动，稍异恒轨。我旅行时往往如此，日内或可如常，亦未可知。但从清华园一浴后，至今未得再浴，颇觉不好；幸亦未多出汗，尚不至踧踖难片刻安耳。

别来觉已甚久，细算才礼拜四，相去尚无一星期，真可笑人。

此车所经亦有大站，如昨晚过黑龙江省会齐齐哈尔，今早过海拉尔，都是大地方。海拉尔洋房不少。

李君带了一个洋磁茶壶，昨日上车，冲了一壶红茶，搁了许多糖，太甜了。今早在海拉尔买面包与外国腊肠，生活并不算坏呢。入俄境后不知如何。

俄国菜，油多，女人胖的极多，手臂腿肚大抵粗如牛腰。不知俄人如何辨别美丑也。

此信在满洲里寄。以后不知何处方可寄信了。此信邮票特别，可留着。

你的清

（一九三一年）九月二日

第[50]封 见闻

亲爱的隐妹：

巴黎登铁塔，在塔顶寄一片给你，想可先到。这片上盖有铁塔邮戳，是个值得保存的纪念品，请特别给收着。

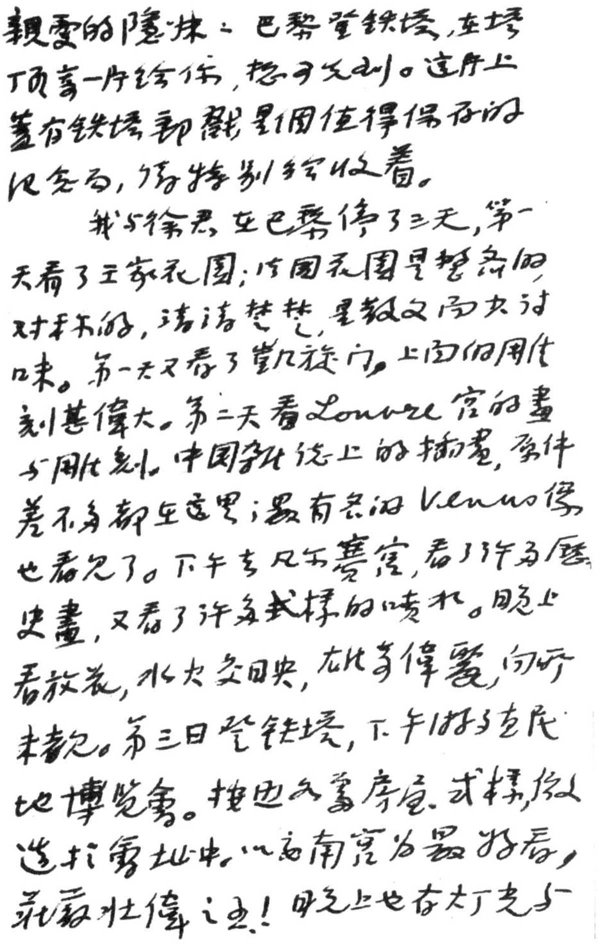
親愛的隱妹：巴黎登铁塔，在塔顶寄一片给你，想可先到。這片上盖有铁塔郵戳，是個值得保存的紀念品，請特别给收着。
我与徐君在巴黎停了三天，第一天看了王家花園；法國花園是整齊的，对称的，清清楚楚，是散文而少詩味。第一天又看了凱旋门，上面的雕刻甚偉大。第二天看Louvre宫的畫与雕刻。中國雜誌上的插畫，原件差不多都在這里；最有名的Venus像也看見了。下午去凡尔賽宫，看了許多歷史畫，又看了許多式樣的噴水。晚上看放花，水火交映，雄奇偉麗，向所未睹。第三日登铁塔，下午游殖民地博覽會。據四大洲房屋式樣，仿造於會址中。以安南宫為最好看，莊嚴壮偉之至！晚上也有灯光与

我与徐君在巴黎停了三天，第一天看了王家花园；法国花园是整齐的，对称的，清清楚楚，是散文而少诗味。第一天又看了凯旋门，上面的雕刻甚伟大。第二天看Louvre宫[①]的画与雕刻。中国杂志上的插画，原件差不多都在这里；最有名的Venus[②]像也看见了。下午去凡尔赛宫，看了许多历史画，又看了许多式样的喷水。晚上看放花[③]，水火交映，雄奇伟丽，向所未睹。第三日登铁塔，下午游殖民

地博览会④。按照各处房屋式样，仿造于会址中，以安南⑤宫为最好看，庄严壮伟之至！晚上也有灯光与喷水，与凡尔赛又自不同，而灯光变化尤为奇异。

八日从巴黎到伦敦，至多维尔时验护照，并须验身体；别国人不须验，只验我与徐君，甚为可恨！当日下午至旅馆⑥，举目无一熟人，甚感寂寞！九日与徐君出门，拿了地图乱闯，居然也走了几个地方。十日游大英博物院及西寺⑦，及伦敦堡、伦敦堡桥。总之，

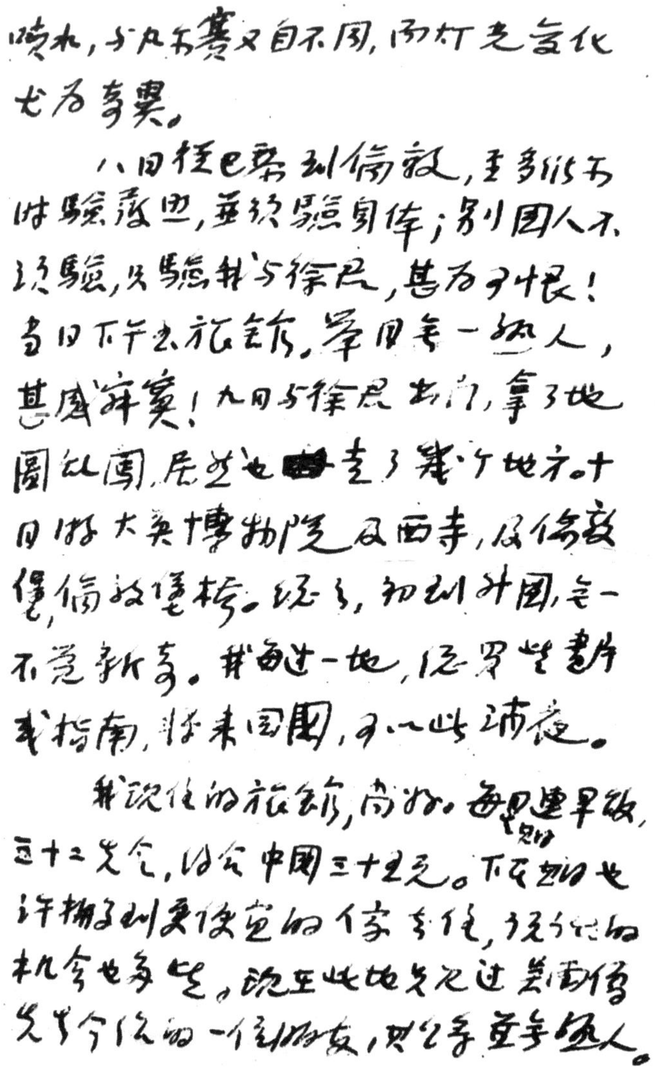
喷水，与凡尔赛又自不同，而灯光变化
尤为奇异。
八日从巴黎到伦敦，至多维尔
时验护照，并须验身体；别国人不
须验，只验我与徐君，甚为可恨！
当日下午至旅馆，举目无一熟人，
甚感寂寞！九日与徐君出门，拿了地
图乱闯，居然也走了几个地方。十
日游大英博物院及西寺，及伦敦
堡，伦敦堡桥。总之，初到外国，无一
不觉新奇。我每过一地，总买些书
或指南，将来回国，可以些讲演。
我现住的旅馆，尚好。每星期包早饭，
三十二先令，合中国三十元。下星期也
许搬到更便宜的人家去住，说话的
机会也多些。现在此地只认得……
先生介绍的一位朋友，其余并无熟人。

你的信中说你寂寞，只要我也来看你的呢。

你的信是九日寄给你的回来的。读了几遍，使人怅然不能忘怀！你的诗做得甚好；第一首尤稳，第二首平仄更差。我也想写些诗，但是心思不定。昨天徐君来要了信，我写完稿子了是好，以后也许心定些。

你说的相思之苦，我怎样安慰你呢？可能说我现在也感到孤单，好像自己丢了自己。但我总希望你多和姊妹们玩玩，可以散散心。日子久些，心稍为定些，可以多写：诗画画，这样我会觉得日子过去快些。

胡秋原先生现在何处，他的亲事已成就否？杜主任！二姊回来否？他的近况怎样，我未曾知道。但是要紧的，你现在应初到外国，无一不觉新奇。我每过一地，总买些画片或指南，将来回国，可以此消夜。

我现住的旅馆，尚好。每星期连早饭，三十二先令，约合中国三十五元。下星期也许搬到更便宜的人家去住，说话的机会也多些。现在此地只见过吴雨僧[8]先生介绍的一位朋友，其余并无熟人。你的信中说你寂寞，其实我也未尝不如此。

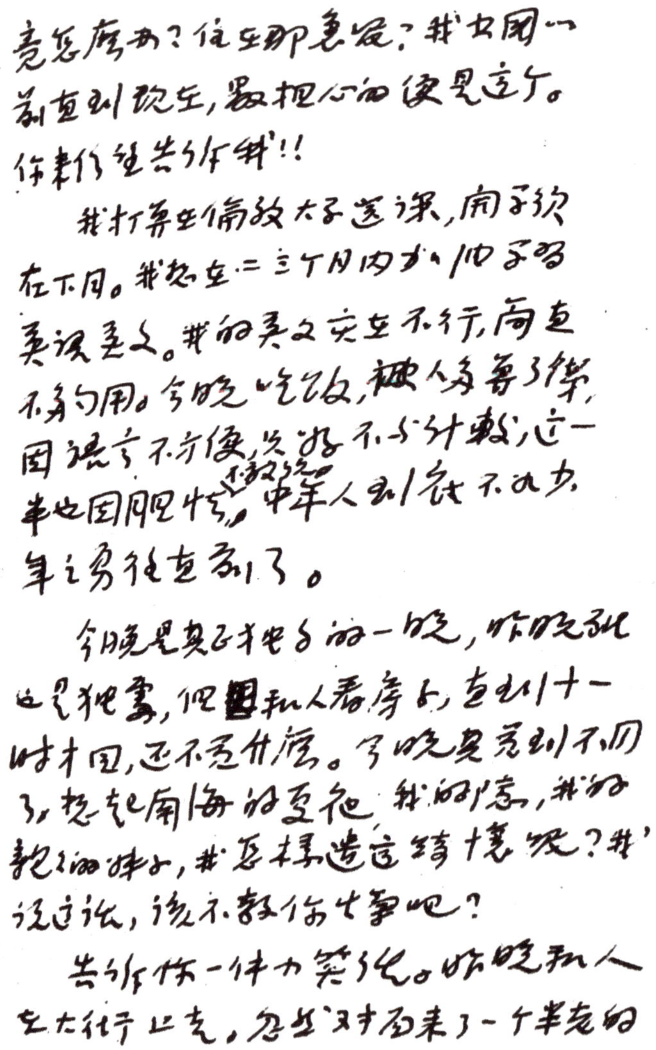
竟怎么办？住在那里呢？我出国以
前直到现在，最担心的便是这个。
你来信告诉我！！
我打算在伦敦大学选课，开学须
在下月。我想在二三个月内好好学习
英语英文。我的英文实在不行，简直
不够用。今晚吃饭，被人笑了几次，
因语言不方便，只好不与计较，这一
来也因肥胖，做教员中年人到底不如少
年之勇往直前了。
今晚是真正独自的一晚，昨晚虽
也是独处，但和人看房子，直到十一
时才回，还不觉什么。今晚真觉到不同
了，想起南海的夏夜，我的你，我的
孩子们，我怎样遣这情怀呢？我
说这话，该不教你生气吧？
告诉你一件可笑的。昨晚和人
在大街上走，忽然对面来了一个半老的

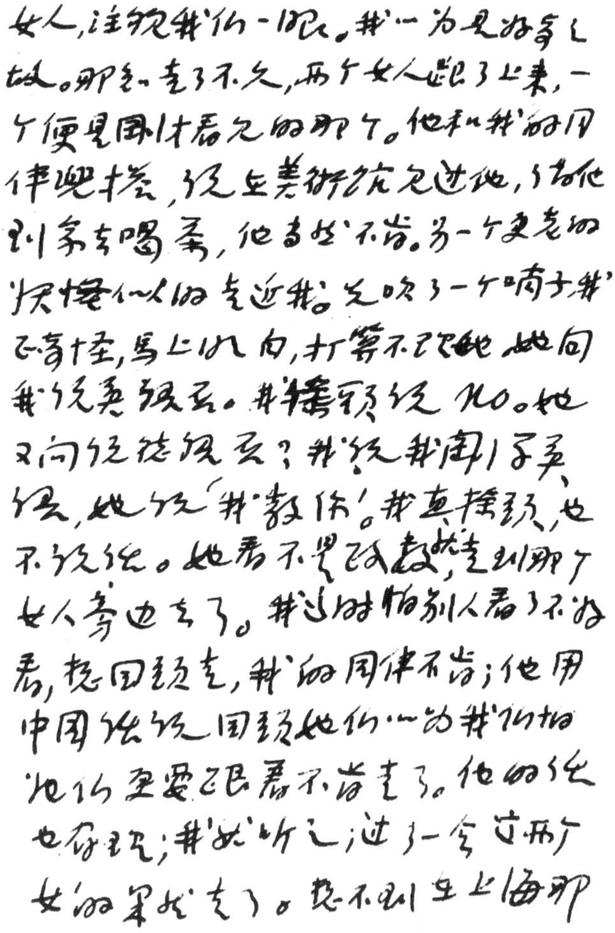

女人，注视我们一眼。我以为是好奇之故。那知走了不久，两个女人跑了上来，一个便是刚才看见的那个。他和我的同伴兜搭，说要带他去逛逛，请他到家去喝茶，他当然不肯。另一个更老的好像似的走近我，先吹了一个哨子，我不当怪，马上放开，打算不理她。她向我说英语否。我摇头说No。她又问说德语否？我说我只学了英语，她说'我教你'。我直摇头，也不说话。她看不是路数，走到那个女人旁边去了。我这时怕别人看了不好看，想回头走，我的同伴不肯；他用中国话说，回头她们一定以为我们怕她们，更要跟着不肯走了。他的话也有理；我也听之，过了一会，这两个女的果然走了。想不到在上海那

你的信是九日去使馆取来的。读了几遍，使人怅然不能为怀！你的诗做得甚好；第一首尤稳，第二首平仄略差。我也想写些诗，但苦心思不定。昨天徐君赴爱丁堡，我今天搬了屋子，明天也许心定些。

你说的相思之苦，我怎样安慰你呢？只能说我现在也感到孤单，好像自己罚了自己。但我总希望你多和姊妹们玩儿，可以散散心。日子久些，心稍为定些，可以多写写诗画画，这样或者容易消遣过去些。

胡秋原先生现在何处，他的恋爱事已成就否？极念！二娃回来否？她的近况怎样，我极愿知道。但更着急的，你现在究竟怎么办？住在那里呢？我出国以前直到现在，最担心的便是这个。你来信望告诉我！！

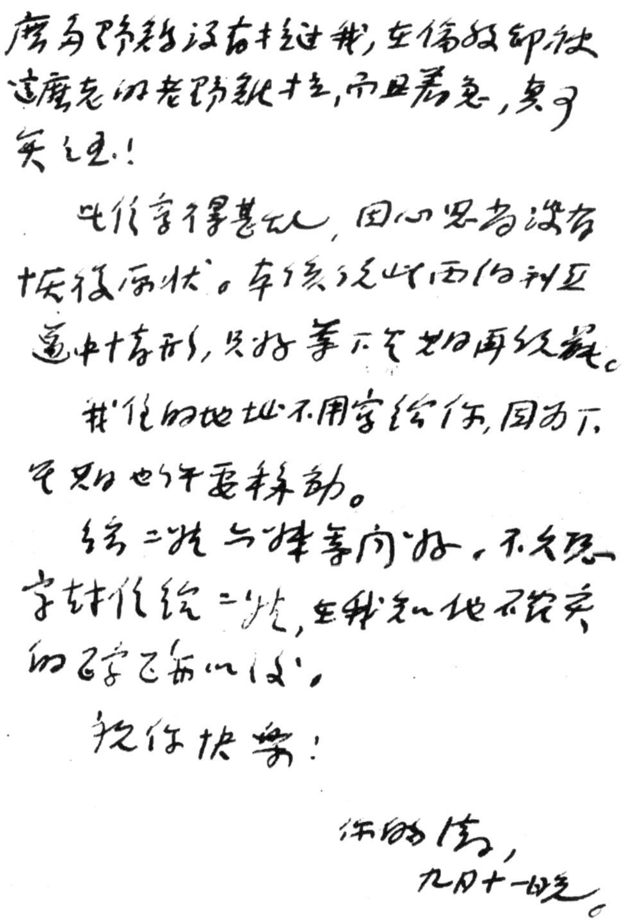

我打算在伦敦大学选课，开学须在下月。我想在二三个月内加油学习英语英文。我的英文实在不行，简直不够用。今晚吃饭，被人多算了钱，因语言不方便，只好不与计较，这一半也因胆怯，不敢说。中年人到底不如少年之勇往直前了。

今晚是真正独自的一晚，昨晚虽也是独处，但因和人看房子，直到十一时才回，还不觉什么。今晚真觉到不同了。想起南海的夏夜，我的隐，我的亲亲的妹子，我怎样遣这绮怀呢？我说这话，该不教你生气吧？

告诉你一件小笑话。昨晚和人在大街上走，忽然对面来了一个半老的女人，注视我们一眼。我以为是好奇之故。那知走了不久，两个女人跟了上来，一个便是刚才看见的那个。她和我的同伴兜搭，说在美术馆见过他，请他到家去喝茶，他当然不肯。另一个更老的妖怪似的走近我。先吹了一个哨子，我正奇怪，马上明白，打算不理她。她问我说英语否。我摇头说“No”。她又问能说德语否？我说“我刚学英语”，她说“我教你”。我直摇头，也不说话。她看不是路数，就走到那个女人旁边去了。我这时怕别人看了不好看，想回头走，我的同伴不肯；他用中国话说，回头她们以为我们怕她们，更要跟着不肯走了。他的话也有理，我就听之；过了一会，这两个女的果然走了。想不到在上海那么多野鸡没有拉过我，在伦敦却被这么老的老野鸡拉，而且着急，真可笑之至！

此信写的甚乱，因心思尚没有恢复原状。本该说些西伯利亚道中情形，只好等下星期再说吧。

我住的地址不用写给你，因为下星期也许要移动。

给二娃、六妹等问好，不久想写封信给二娃，在我知她确实的踪迹以后。

祝你快乐！

你的清

（一九三一年）九月十一日晚

---

①卢浮宫。②维纳斯。③烟花。④1931年5月6日~11月6日，法国在巴黎布瓦文森公园举办世界殖民地博览会，法国、美国、荷兰、丹麦、意大利、葡萄牙、比利时等二十七个殖民国家参展，展示西方各国遍布世界各洲的殖民地风土人情和发展情况，被称为有史以来西方最壮观的殖民地大汇演。⑤越南古名。⑥朱自清初到伦敦时，住米尔斯旅馆。⑦威斯敏斯特教堂，或称西敏寺。⑧吴宓（1894~1978），学者。字雨僧，雨生，陕西泾阳人。1917年留学美国，先后入弗吉尼亚州立大学、哈佛大学，获硕士学位。历任东南大学、东北大学教授，清华大学研究院主任，清华大学、西南联合大学、燕京大学、四川大学、武汉大学、相辉学院、勉仁学院、西南师范学院教授。是学衡派主要成员，曾主编《学衡》、《大公报·文学副刊》及《武汉日报》文学副刊等。从1929年初始，朱自清加入《大公报·文学副刊》“撰员”队伍，协助总撰稿吴宓工作。

第[51]封 俄国

亲爱的隐妹：

第一信想收到了。现在略述西伯利亚途中情形。自离满洲里后，换坐俄国车子。车子不如从哈到满的好，但亦可敷衍应用。我们各换了二十美金，每一美金大约只换得一点八卢布。我们中午上饭车，每人三卢布，合中国八元，也算贵了。饭是一汤二菜一点心。晚饭我们吃自己带的牛油面包、腊肠、罐头，也甚舒服。俄国铁路，沿路各站都有公用开水，随便用壶取用。我们有茶叶，有柠檬，实不算苦。有一回晚上上饭车，三人各点一菜，价约三卢布一样。一火腿蛋，值二卢布，合中国六元。我们起初用自己铺盖，后来冷了，向茶房租被褥，一卢布一夜，但我还是冻了两夜，因太薄之故。往莫斯科至波兰一夜，租价却要三卢布，在中国简直可以买了。那真是俄国竹杠了。在莫斯科北站，搬行李四件一上一下，要六卢布，也是我们所受的竹杠之一；后来知道，只须一点六卢布便行了。

车上德文尚可用，俄文自然最好。但我们没一个能说这两种文字之一。所以很苦，这层像是和你说过了。车过波兰时尤苦，因为比俄文似乎还难懂些。俄

25 Coram Street,
Russel Square,
London W.C.1.
廿年九月二十一日

親愛的隱妹：第一信想收到了。現在略述西伯利亞途中情形。自離滿洲里後，換坐俄國車子。車子不如從哈爾濱到滿洲的好，但亦可敷衍應用。我們又換了二十美金，每一美金大約只換得1.8盧布。我們中午上飯車，每人三盧布，合中國八元，也算貴了。飯是一湯二菜一點心。晚飯我們吃自己帶的牛油麵包，臘腸，罐頭，也甚舒服。俄國鐵路，沿路各站都有公用開水，隨便用壺取用。我們有雜菜，有榨菜，實不算苦。有一回晚上上飯車，三人只點一菜，價與三盧布一樣。一大肥雞，值二盧布半，合中國六元。我們起初用自己鋪蓋，後來冷了，向車房租被褥，一盧布一夜。但我還是凍了兩夜，因太薄之故。往來也不料到以前一夜，文我们还知道几个字，波兰文简直一窍不通也。从波兰至巴黎这两夜最苦，因车系木头甚硬，又无睡车，人又非常挤；又在长途旅行之后，这两夜的疲劳真非言可述，到现在似乎还未恢复呢。

这些日子神经总不像往常，上面的话也许前一信中说了，那么请原谅吧。

我这一礼拜还是没有做什么事。每日下午总要腹痛一次，不知何故，大概总是肠胃不佳，我想少吃以治之。还有，在外国总是多走路，我初到不大惯，觉得很累。又初到外国，常须特别注意人家风俗习惯，甚为费神，且未能相习，因此不安定得很。今早搬到此地[①]。此地房价较廉；我是希望练习语言的机会多些。因此地不是旅馆，是一种公寓性质。房东老夫妇二人，尚和气，他们似乎喜欢谈话，我盼望同他们多谈些。

我定下月入学。入学后自然忙些，我最注重学习语言文字，不知能有相当成绩否。在此拟住三个月，信可寄此处。

你第二号的信收到了。你们的照片很好。看了教我高兴。我一定保存，请放心。照片中有一男一女我所不识，不知是谁？

此地没有熟人最苦！我夜夜梦回中国，醒来模模糊糊，也记不清，今夜梦见回去再来，正预备仍从西伯利亚走，又怕无味，想着想着，醒了。你说可笑不可笑？

琼妹在南京，不知做何事？你到南京去，其实也好。但经济上似乎更要窘些，我现在心很乱，想不出租赁卧铺三卢布，在中国简直可以买了。那真是俄国竹杠了。在莫斯科比较，搬行李的件一上一下，要每件三卢布，这是我们所受的竹杠之一；后来才知道只须一个卢布便行了。

车上饭又贵又难用，饭又不好吃。俄人又不会英语。他们只有一个饭厅过西伯利亚之人。所以很苦。这虽然是俄国的事，车过波兰时大苦，因为此饭又似乎还不懂吧。饭又我们还不知道几个字，以前又简直一点不通也。从波兰去巴黎，过西伯利亚，其回车系木头甚硬，不能睡车，人又挤着，又坐长途十二小时，过西伯利亚的疲劳未消，到现在几乎还未恢复呢。

这些小小的经济不像样，上面的话已经在前一信中说了，那么请原谅我啰嗦。

我这一礼拜还是没有做什么事。每日下午总要肚痛一次，不知何故。大概总是肠胃不佳，我想少吃以后好之。还有，在外国总是要喝茶，我初到不

大惯，觉得很苦。早初到外国，常须特别注意人家风俗习惯，甚为紧张，且未能相习，因此不安定得很。今早搬到此地。此地房价较廉，我是希望练习说英语的机会多些。因此地不是旅馆，是一种公寓性质。房东老夫妇二人，尚和气，他们似乎喜欢说话，我打算同他们多谈些。

我定下月入学。入学后可以安心些了。我最近希望写些文字，不知能否好好有成绩。在此接连住三个月，住得可有些熟。

你第二号的信收到了。你们的照片很好。寄了张我的像。我一定保存，放在我心。照片中有一男一女我都不认识，不知是谁？

此地没有熟人最苦！我很想回中国，前几天接连梦到，也记不清。今夜梦见回去再来，只预备仍从西伯利亚回去，又怕气味；想着想着，醒了。你说

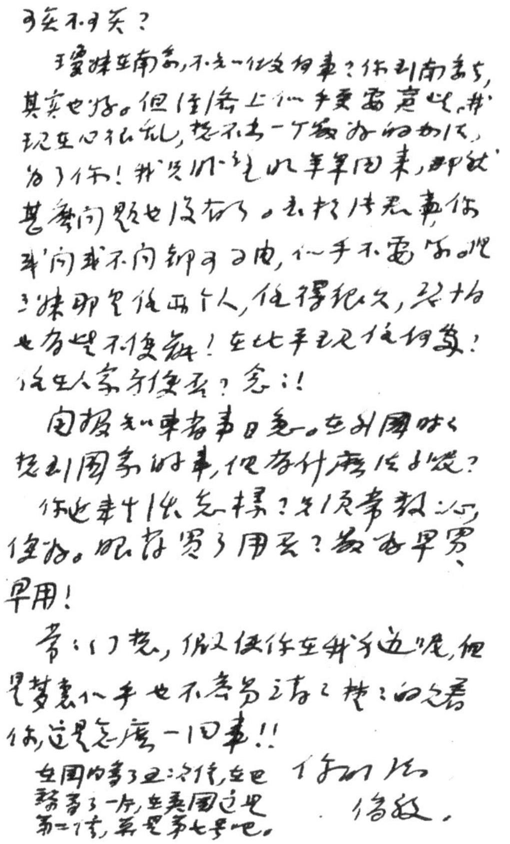

一个最好的办法，为了你！我只盼望明年早回来，那就什么问题也没有了。至于张君事，你或问或不问都可自由，似乎不要紧。但三妹那里住两个人，住得很久，恐怕也有些不便吧！在北平现住何处？你在人家方便否？念念！

阅报知东省事[②]日急。在外国时时想到国家的事，但有什么法子呢？

你近来生活怎样？只须常散散心，便好。眼药买了用否？最好早买早用！

常常幻想，假使你在我身边呢，但是梦里似乎也不容易清清楚楚地见着你，这是怎么一回事！！

在国内寄了五次信，在巴黎寄了一片，在英国这是第二信，算是第七号吧。

你的清

（一九三一年）九月二十一日伦敦

①从米尔斯旅馆移住罗宾森夫人家，即下文提及的鲁滨孙夫人。②指1931年9月18日在沈阳发生的“九·一八事变”。

第[52]封 歌剧

亲爱的隐妹：

你的第三号信收到了。我这些日子终日神经紧张，头老是昏昏的，肠胃又老不能复原，故兴致殊不好。上星期似乎没有写信给你，真是该死，请谅之！你住金家还方便否？极为挂念！在此老放不下心的就是你的栖止！请常常详告我你生活情形，为恳！

来信说二娃妹与张君渐有感情，此系好事：一者张君这番诚意总算渐有下落，二者二娃妹终身大事也可早日定下，使她自己和惦记她的人安慰！来信说生气，又说从此不给二娃写信，这真有些想不开了。但你的脾气不会这样坏，相信你渐渐会变你的意见的！我想日内写封信给二娃妹，鼓励她向前走；希望这不至于使你觉得我和你别扭——也许此信到时，你已变了意见，那就更好了。

你到南京去的事如何？此事我现在还不能说定，因为我不能看见你生活情形，真是决定不下。溥先生①常见否？请为我致意！清华的事不知怎样？听到些关于我的话么？大约没有吧！

在这里已快一月，一些成绩没有，没有写文写诗，英语也无进步，只是常听听戏！我听过一次大戏（Opera）②，略如中国旧戏，全是唱，没有白。故事是十八世纪时一个爱情兼宗教的故事，当然浪漫的，又听过Galhworrhy③的银匣④，是为穷人鸣不平的，其意以为法律帮助富人。又听了一次小歌剧（滑稽的），有唱有白，可以随时编随时唱，动作轻快之至，略如中国丑角也。又看过一次电影，有跳舞，先一女子几乎全身皆裸，舞得甚好，身体之软，生平仅见。次成队跳舞，穿衣服亦甚

25 Coram Street
Russell Square
London W.C.1
England.
二十四年十月五日

亲爱的隆妹：　你的第三号信收到了。我这些日子终日神经紧张，头老是昏昏的，肠胃又老不能恢复，故又致了些不好。上星期似乎没有写信给你，真是该死，请谅之！你住全家还方便么？太太万挂念！在此老挂不下心的就是你的境地！请常常详告我你生活情形，为盼！

来信说二姐姐与张君渐有感情，此乃好事：一者张君这番诚意总算渐渐有下落，二者二姐姐终身大事也可早日定下，使她自己和姑妈他们的人安慰！来信说生气，又说从此不给二姐写信，这真有些想不开了。但你的脾气不会这样坏，相信你渐渐会变你的意见的！我想日内写封信给二姐姐，使你觉得我和你别扭一鼓励她向前走；希望这不至于使你觉得我和你别扭一也许此信到时，你已写了长文，那就更好了。

你到南京去做事如何？此事我现在还不能说定。因为我不能看见你生活情形，真是决定不下。清是也要见见了请为我致意！清华的事不知怎样？你到此间对我说什么？大约没有罢！

生活已快一月，一些成绩没有。没有专门学什么，英语也未进步。只是常听戏！我听过一次大戏（Opera），跟中国旧戏，全是唱，没有白。故事是十八世纪时一个

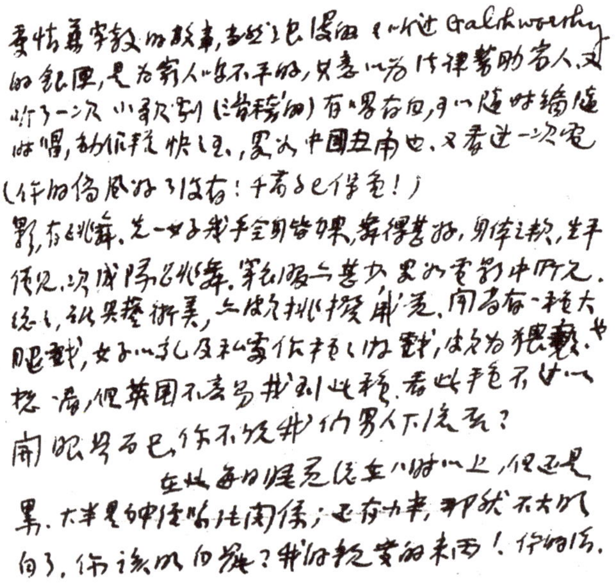

少，略如电影中所见。总之，虽具艺术美，亦颇挑拨感觉。闻尚有一种大腿戏，女子以乳及私处作种种游戏，颇为猥亵，也想一看，但英国不容易找到此种。看此种不过以开眼界而已，你不说我们男人下流否？

在此每日睡觉总在八时以上，但还是累，大半是神经紧张关系；还有小半，那就不大明白了，你该明白吧？我的亲爱的东西！

你的清

（一九三一年）十月五日

你的伤风好了没有！千万自己保重！

---

①溥桐（1877~1950），戏曲教育家、戏曲活动家、京剧票友，字后斋（一作厚斋），号西园，别署红豆馆主。清皇族，爱新觉罗氏，世袭镇国将军、辅国公。自幼钻研琴棋书画，收藏金石碑帖，精于治印，通晓辞章音律，酷爱昆曲、京剧。曾任教于清华大学、北平女子文理学院、北平艺术学院、北平美术学校等。他是朱自清与陈竹隐相识的女方介绍人。②歌剧。③Galhworrhy：原文如此。正确拼法为Galsworthy，即高尔斯华绥（1867~1933），英国小说家、戏剧家。④《银匣》，高尔斯华绥创作的第一部剧本。在该剧中，作者运用讽刺手法，批判资产阶级的伪善和自私，突出了贫富不公的社会主题。

第[53]封 选课

亲爱的隐妹：

今日从外间归来，得你来信。你说两星期没接到我信，甚奇。一细看你写信是九月十九日，那却不奇了。这两礼拜我在路上，没法给你写信。八日到此，因忙碌，大约十二日才给你写第六号信，后来又有二信；这一封是第四封了。现在六七两信也许到了。你可放心！我昨日大吃泻盐，将肠胃清理了一下，今天好得多了；前信所说，已无问题，勿念！

你的诗甚有进步。这一年里多从这方面用功，我所最盼。诗中情致缠绵，叫我当局的人在这寂寥的小屋中怎样自遣呢！归期决不至迟延，望你放怀！

来信说张君叫你加入改组派[1]。你自己不愿加入，我极以为然！我顶不希望你加入政治活动；据我看，你并非这种人！我想你不妨婉言谢绝。那位宋君来势甚奇；似乎做爱一样地着急，其然，岂其然乎？现在见了他没有？我想也不妨一见。

二娃到底如何？念甚！说写信但是还未写。今天见King's College[2]教授，谈选课，他听我只旁听，说是无甚益处，又说今天忙，叫我明天去谈，并且说不能多谈，

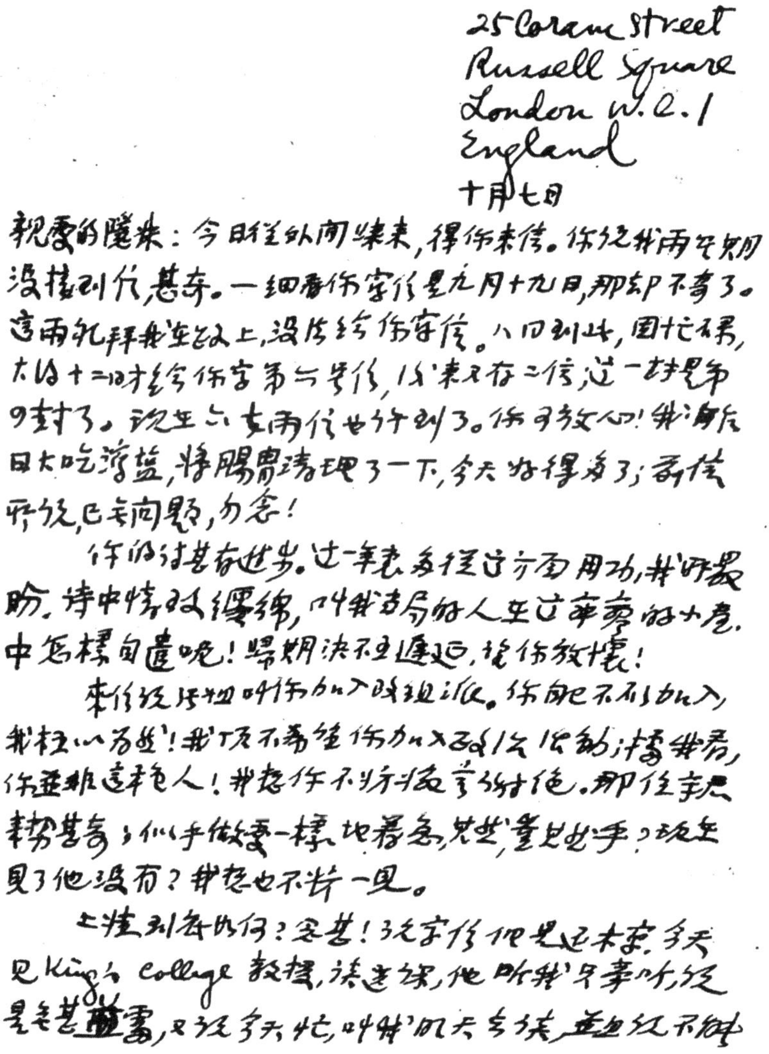
25 Coram Street
Russell Square
London W.C.1
England
十月七日

亲爱的隐来：今日从巴黎来，得你来信。你说我两星期没接到信，甚奇。一细看你写信是九月十九日，那却不奇了。这两礼拜我在路上，没有给你写信。八日到此，因忙碌，未能十二时给你写第六号信，你来又在二信之一封是第九封了。现在六七两信也许到了。你可放心！我前几日大吃澡盆，将肠胃清理了一下，今天好得多了；前信所说，已无问题，勿念！

你的诗甚有进步。这一年来多往这方面用功，我所最盼。诗中情致缠绵，叫我这漂泊的人在这萧索的大庭中怎样自遣呢！归期决不致迟延，请你放怀！

来信说陈嫂叫你加入改组派。你能不能加入，我相信你不会！我顶不希望你加入政治性的活动，你并非这种人！我想你不必拒绝他。那位郭君事势甚奇；似乎做要一样地着急，究竟会见他手？现在见了他没有？我想也不许一见。

上星期到此如何？忙甚！说写信但是还未寄。今天见King's College教授，谈选课，他所我只来听，说是无甚兴趣，又说今天忙，叫我明天去谈，并且说不能

因为忙得很。他的话也未尝无理，但教授架子实在令人难受。明天看，他如为难，我就索性不旁听了。其实他们章程上是许旁听的。我现在还在University College[③]选课，那边倒无问题，明天或星期五起就要上课了。

六妹托带的东西，我在巴黎托人送中国领事馆，但领事馆说不转包裹；那位汪君便问明何女士地址，写信给她，请她指示详细路径，以便送去（因何女士住乡下）。何女士非常客气，第二天自己来取，原来与汪君是相识，这真出乎意外地巧了。

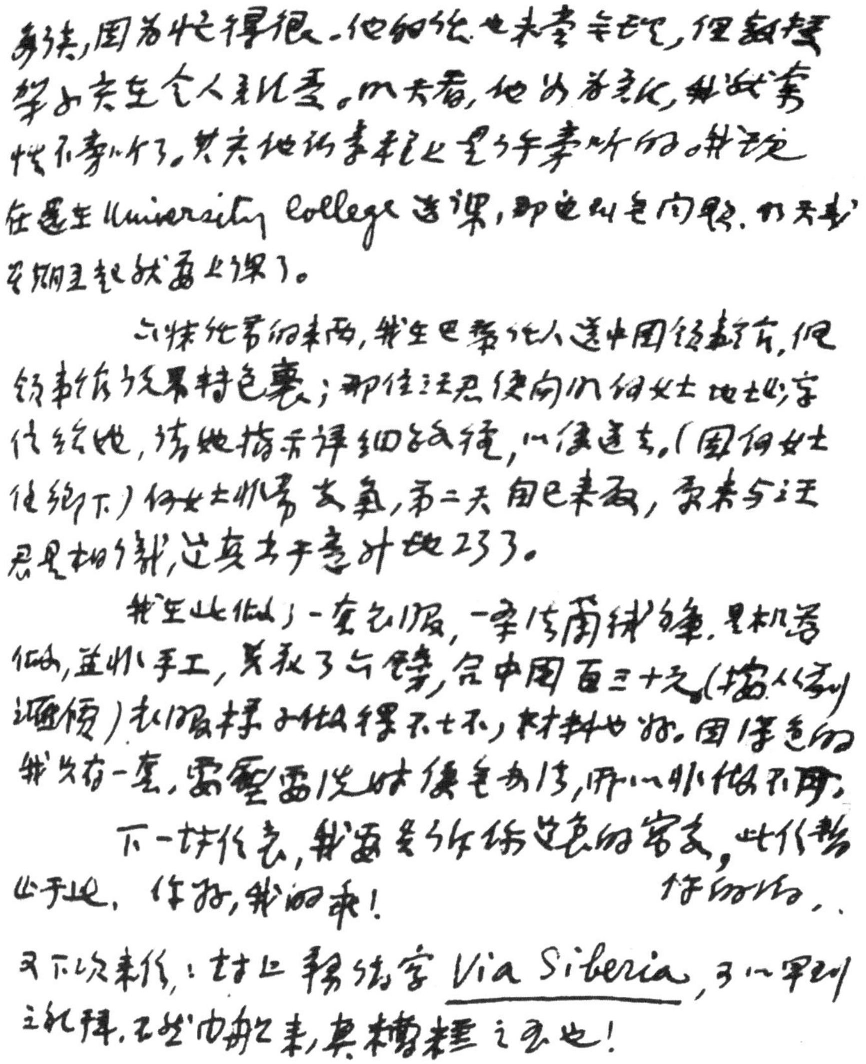

多了去，因为忙得很。他的信也未重写过，但叙述学的先生令人敬爱。从大看，他的著述，我好奇性不喜听了。其实他们素来也是可以来听的。我现在还在 University college 选课，那边的老师们，十天前不知道就要上课了。

六样化学的东西，我在巴黎托人送中国领事馆，但领事馆说是特色囊；那位汪君便向何女士地址写信给她，请她指示详细路径，以便送去。（因何女士住乡下）何女士很客气，第二天自己来取，要亲与汪君见面的，这真出于意外地不了了。

我在此做了一套衣服，一条法兰绒裤，是机器做，并非手工，共花了六镑，合中国百三十元（按从前汇价）衣服样子做得不坏，材料也好。因深色的我只有一套，要压要洗时便无办法，所以非做不可。

下一封信里，我要告诉你这里的寓客，此信暂止于此。你好，我的乖！

你的清

又下次来信，信封上须注明 Via Siberia，可以早到，不然由船来，真糟糕之至也！

我在此做了一套衣服，一条法兰绒裤，是机器做，并非手工，共花了六镑，合中国百三十元（按从前汇价）。衣服样子做得不坏，材料也好。因深色的我只有一套，要压要洗时便无办法，所以非做不可。

下一封信里，我要告诉你这里的寓客，此信暂止于此。你好，我的乖！

你的清

（一九三一年）十月七日

又下次来信：封上务请写 Via Siberia，可以早到三礼拜，不然由船来，真糟糕之至也！

①改组派，全称“中国国民党改组同志会”，世人称“国民党改组派”，简称“改组派”，是南京国民政府初期影响较大的一个政治反对派，1928年下半年成立于上海，主要发起人为陈公博、顾孟余等。九·一八事变后，蒋汪再次合作，改组派逐渐瓦解。②国王学院，伦敦大学中的一个学院。③大学学院，伦敦大学中的一个学院。

第 [54] 封 汇报

亲爱的隐妹：

我有十多天没给你信了，这是我的抗议；因为我出国快两月了，只接你四封信（八月二十三，卅日，九月十日，十九日）！照你写信的日期看来，大有愈过愈延搁之势，这个我当然不希望的！你能够、愿意照我们原来约定的，每星期给我一信么？

到此六星期，自检并无进步。老想加油，老是没精打彩的，国事也教人气闷，险象与灾情真是亡国之征。前信说及你到南京的事，现在我是不赞成你就去，你一定明白我的意思！

告诉你我在此每天的生活，早上念生字、读报，下午上课，晚上写写信，或看看朋友，一天也觉很忙。每星期二四五下午都有课，星期一下午还要听讲演，虽然并不很

25 Coram Street
Russel Square
London W.C.1
十月二十一日

親愛的隱妹：　我前幾天沒給你信了。這是我的抗議；因為我出國快兩月了，只接你四封信（八月二十三，廿日，九月十日，十九日）照你寄信的日期看來，大有愈過愈延擱之勢。這個我是不希望的！你能夠願意照我們原來約定的，每星期給我信麼？

到此每星期自檢查進步，老是加油，老是聚精打彩的。國事也教人氣悶，隱妹實情真是亡國之徵。前信說及你到南京的事，現在我是不贊成你就去，你一定明白我的意思！

告訴你我在此每天的生活。早上念生字，讀報，下午上課，晚上寫寫信，或看看朋友。一天也竟很忙。每星期二四五下午都有課，只這一下午還要預備預備，雖然並不很了解。早上七點半一定得起來，因為八點吃早飯，不然遲到，半點鐘之內洗臉穿衣，在我也就夠忙的。有時常硬賴著耽誤了時候，女房東便說朱先生今天來遲了之么。晚上十一點睡。睡覺還算好，近來腿骨也好多了。

每天出去吃兩頓飯。此間飯店都是女子招待；我去的是一種不給小費的店，招待簡直沒有漂亮！有些招待真有些可怕：比方招待眉毛甚長，彷彿什麼也看不入眼，又一個問要什麼菜，老伸出下巴來說，這兩個我討厭了；她們在一家，我因此不常上那家去。

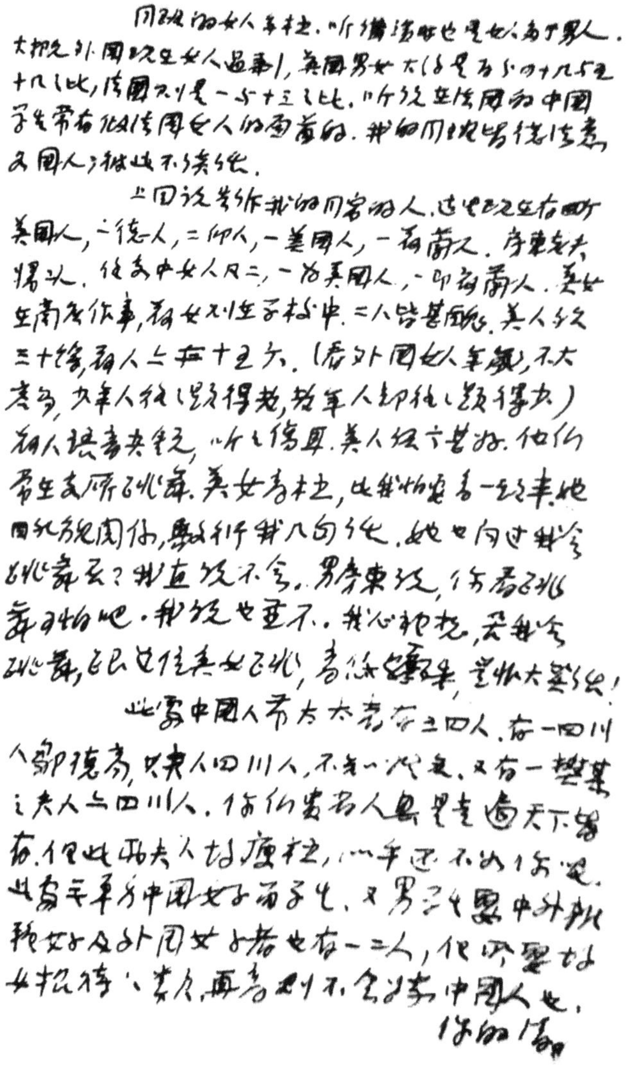

了解。早上七点半一定得起来，因为八点吃早饭，不能迟到，半点钟之内洗脸穿衣，在我也就够忙的。有时带硬领耽误了些时候，女房东便说“朱先生今天来迟了”云云。晚上十一点睡，睡觉还算好，近来肠胃也好多了。

每天出去吃两顿饭，此间饭店大都女子招待。我去的是一种不给小账的店，招待有好有坏！有些招待真有些可怕；如某招待睫毛甚长，仿佛什么也看不入眼，又一个问要什么菜，老伸出下巴来说，这两个最讨厌了；她们在一家，我因此不常上那家去。

同班的女人多极，听讲演时也是女人多于男人。大概外国现在女人过剩，英国男女大约是百分之四十几与五十几之比，法国则是一与十三之比，听说在法国的中国学生，常有做法国女人的面首的，我的同班皆德法意各国人，彼此不谈话。

上回说告诉我的同寓的人，这里现在有四个英国人，一德人，二印人，一美国人，一荷兰人。房东老夫妇二人。住客中女人凡二,一为英国人，一即荷兰人。英女在商店作事，荷女则在学校中，二人皆甚丑。英人殆三十馀，荷人亦二十五六（看外国女人年岁，不大容易，少年人往往显得老，老年人却往往显得少）。荷人语音尖锐，听之伤耳。英人语言甚好。他们常在客厅跳舞。英女高极，比我怕要高一头半。她因礼貌关系，敷衍我几句话。她也问过我会跳舞否？我直说不会。男房东说，你看跳舞可怕吧。我说也并不。我心里想，若我会跳舞，跟这位英女跳，高低悬殊，岂非大笑话！

此处中国人带太太者有三四人。有一四川人邹德高，其夫人四川人，不知姓名。又有一樊某之夫人亦四川人。你们贵省人真是走遍天下皆有。但此两夫人均瘦极，似乎还不如你呢。此处无单身中国女子留学生，又男学生娶中外杂种女子及外国女子者也有一二人，但所娶均女招待之类，再高则不会嫁中国人也。

你的清

（一九三一年）十月二十一日

第[55]封 理发

亲爱的隐妹：

又是一星期过去了，天天盼你来信，而竟杳无踪影！我想，也许是北宁路有阻[①]？但报上并无此记载！也许你信封上未写明 Via Sibcria（由西伯利亚行），因此走了海道？但北平来信，无论注明与否，大抵由西伯利亚走！也许你上了南京，但在南京情形未必甚好，你不见得会走，越想越是莫名其妙！目前我还是每星期给你写信，但到十一月十六若再不接到你的信，我也就等着，不想白写信了。

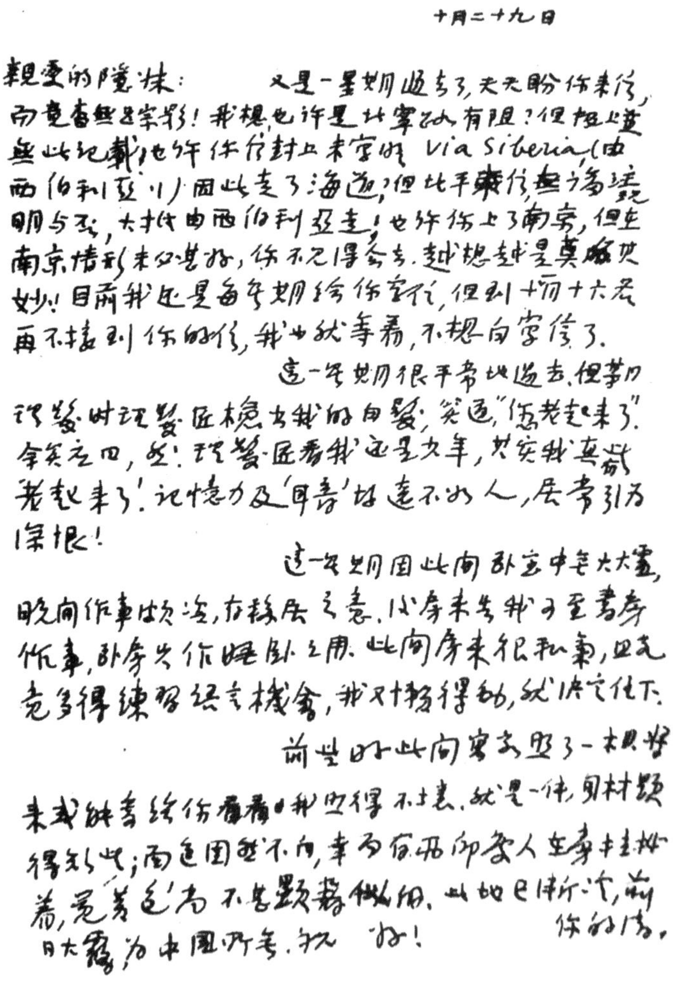
十月二十九日

亲爱的隐妹：又是一星期过去了，天天盼你来信，而竟杳无踪影！我想也许是北宁路有阻？但报上并无此记载，也许你信封上未写明 Via Siberia（由西伯利亚），因此走了海道？但北平来信，无论注明与否，大抵由西伯利亚走！也许你上了南京，但在南京情形未必甚好，你不见得会去。越想越是莫名其妙！目前我还是每星期给你写信，但到十一月十六若再不接到你的信，我也就等着，不想白写信了。

这一星期很平常地过去。但前日理发时理发匠总去我的白发，笑道"你老起来了"。余笑应曰，然！理发匠看我还是少年，其实我真老起来了！记忆力及耳音皆远不如人，居常引为深恨！

这一星期因此间卧室中[illegible]，晚间作事颇冷，[illegible]。[illegible]

[illegible]

你的清。

这一星期很平常地过去，但某日理发时理发匠检出我的白发，笑道，“您老起来了。”余笑应曰，“然。”理发匠看我还是少年，其实我真有些“老起来了”！记忆力及“耳音”均远不如人，居常引为深恨！

这一星期因此间卧室中无火炉，晚间作事颇冷，有移居之意。后房东告我可至书房作事，卧房只作睡卧之用。此间房东很和气，且究竟多得练习语言机会，我又懒得动，就决定住下。

前些日子此间寓客照了一相，将来或能寄给你看看。我照得不坏，就是一件，身材显得短些；面色固然不白，幸而有两印度人在旁拉扯着，觉“黄色”尚不甚显著似的。此地已渐冷，前日大雾，为中国所无。祝好！

你的清

（一九三一）年十月二十九日

---

①北宁铁路，由北平至辽宁省会沈阳。九•一八事变后，日军控制了北宁铁路的关外一线，部分铁路员工遭关东军监管，关内外直通列车一度中断。

第 [56] 封 猜想

隐妹：

上星期和这星期接你两信，心里平静多了。接你前一信时，恕我直说，颇为惶惑！因为信中的话似乎太泛泛，而四日、八日各写一纸，直至十三日才付邮，似乎有些不在乎样子，是令我害怕的。今天接你十六日信，还是原来的口气，这就好多了，虽然也是迟至二十才付邮。我恳求你，能不能写完信就付邮呢？

你不要笑，我这一星期的日子真不好过，就因为你的信。我有种种的设想，但我随时打破我的设想。我想你不是太忙，顾不到这远在万里外的我吧。不是生我的气吧，也许我的信写得不好吧？我告诉你，我这次写信，虽用叙述，但与上回之用叙述全然两样。上回是故意的，这回因为我们已是一家人，叙些新故事，也无非让你消遣消遣；我的满腔的情热，在无字句处寄托着。我决不是要回避什么热情的语句，但我想这样也许有馀味些。这些夜都不大睡得好，梦中似乎见一个女人，但也不大清白。隐，你知不知道，你影响我是这般大呢！

你说沈太太处情形，今年不去最好。明年若辞掉，似乎妥当些。如经济不敷，可函浦江清君，他可以寄你些；

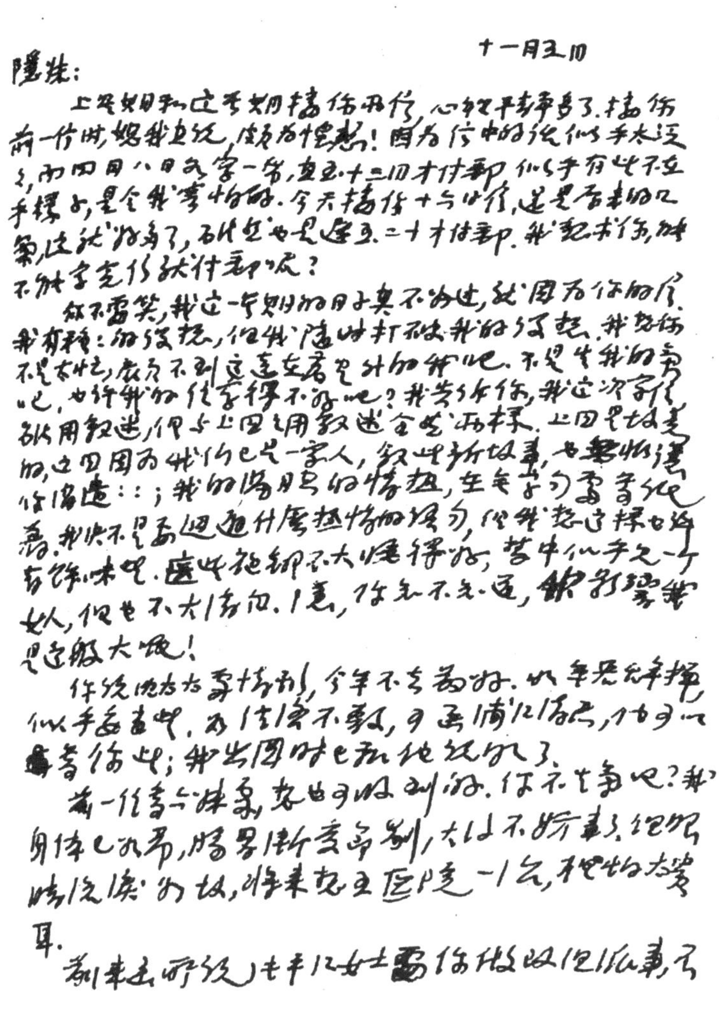

我出国时已和他说明了。

前一信寄六妹处，想也可收到的。你不生气吧？我身体已如常，肠胃渐受节制，大约不妨事了。但眼睛流泪如故，将来想至医院一治，但怕太贵耳。

前来函所说，张平江女士要你做改组派事，不知如何结局？那位宋先生见否？是何等样人？念念！此间住客照相寄上，乞留存，因无副本。前排中坐者为鲁滨孙夫人，即房东太太，后排左手老人即鲁滨孙君。我照的似乎不坏。此照另有一张，大家板着脸，已寄扬州家中了。

你的诗我今天和了两首，另纸抄给你看。你近来做诗否？

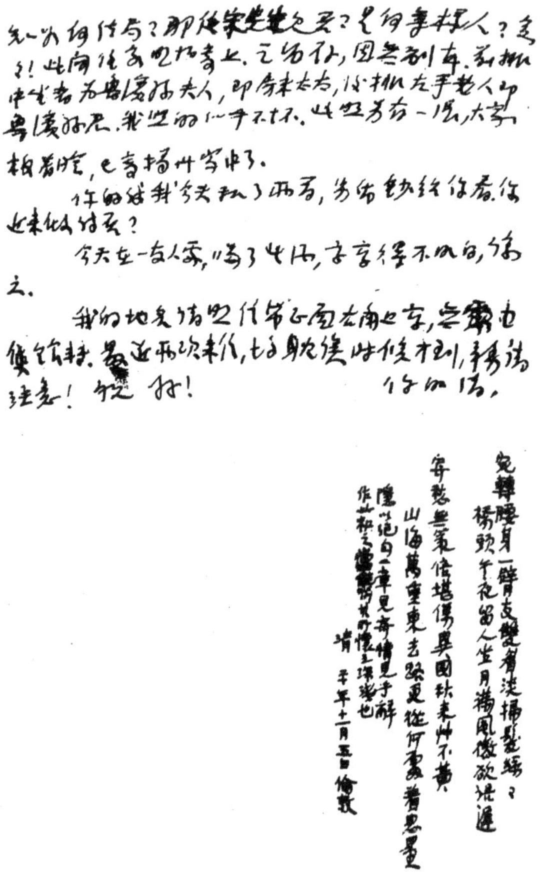

今天在一友人处，喝了些酒，字写得不明白，谅之。

我的地名请照信纸正面右角上写，无需由使馆转。最近两次来信，均耽误时候才到，务请注意！祝好！

你的清

（一九三一年）十一月五日　伦敦

宛转腰身一臂支，双眉淡扫发丝丝。

桥头午夜留人坐，月满风微欲语迟。

寄愁无策倍堪伤，异国秋来草不黄。

山海万重东去路，更从何处着思量。

隐以绝句二章见寄，情见乎辞，作此和之，当能喻其所怀之深浅也。

第[57]封 盛会

亲爱的隐妹：

这回对不起你，迟了三天才写这信！这星期我实在有些累，因为星期一二三连看了三天会。第一天是市长就职，有一甚盛大的行列，由各业备车，上载出品，兼有女子作种种装束，在车上动作，又有装马装鹿满街走的；此外，军乐也多。市长穿红袍，乘大红礼舆（马车）缓缓地在最后走。此系伦敦风俗，殆如中国的赛会，但不迎神而迎市长耳。我去得晚了，站在七八层人的后面，身量矮真吃亏，加上天忽然下雨，前面人张开伞，简直看不见了，这正应了古语“矮人观场”了。第二天国会开幕，英王与后亦乘礼舆前往，此次行列简单，想来决不如从前中国皇帝的威风。我这回站在前列，但因前面一行警察，又一行英王卫队，这两种人都特别高大，所以礼舆过时，也只从车窗中看见王后而未见王，也可笑得很。第三天是休战纪念日[①]，但见参加典礼军队之整肃及群众之静默，首相等献花圈，相去甚远，也未及见。

现在我移入一大屋，有一张躺椅，比较舒服多了。这

14 Nov 1931

亲爱的隐妹：这回对不起你，隔了三天才写这信！这星期我实在有些累，因为星期一二三连看了三天会。第一天是市长就职，有一甚盛大的行列，由各业汽车上载出品，兼有女子作种种装束，在车上动作，又有些马装扮队沿街走的；此外军乐也多。市长穿红袍，乘大红礼舆（马车）缓缓地在最后走，此係沿袭风俗，颇似中国的赛会，但不如神而迎会长耳。我去得晚了，站在七八层人的后面，身量太矮真吃亏，加上天忽然下雨，前面人张开伞，简直看不见了。这正应了古语"矮人观场"了！第二天国会开幕，英王与后亦乘礼舆前往，此次行列简单，想来决不如往前中国皇帝的威风。我这回站在前列，但因前面一行巡警，又一行英王卫队，这两种人都特别高大，所以礼舆过时，也只从车窗中看见王后而未见王，也可笑得很。第三天是休战纪念日，但只参加典礼军队之整肃及群众之静默，若扫墓献花圈，相去甚远，也未及见。

现在我搬入一大屋，有一张自己的椅，比较舒服多了。这里房子并不甚好，但房东太太招待很客气，所以我也懒得搬动。你要的风景片我买了十张寄上。但不是最好的，最好的在那种买，我还不大熟悉，因这些日子都未去看过。

前次在街上过一大珠宝店，随便看看戒指。他们白金戒指有白金子真白金两种，真白金的三镑一只（合现在中国五十块钱）；白金子只二镑余。中国所见白金似非真白金。此间黄金戒指也甚贵，有时也要三镑多。但在此所见，绝少带白金戒指的人，不知何故，将来打听便知。

这些时肠胃不甚好，我有点怕了。累了也渐渐复原，但夜中睡时，乱梦甚多，醒来甚累，想系精神不安之故。若与你同在，当决不至此也！海山万里，怎么办呢！现在无聊时不想抽烟而要吃糖，这是从一位友人处受了影响，但这不利于胃，且未免太像女人脾气了，是不是？但不知现在你们还不大吃糖的？我的钱够没有？你一切好！

你的清.

里房子并不甚好，但房东夫妇很客气，所以我也懒得搬动。你要的风景片我买了十张寄上。但不是最好的，最好的在哪里买，我还不大熟悉，因这些日子都未出去跑。

前次在街上过一大珠宝店，随便看看戒指。他们白金戒指有白金与真白金两种，真白金约三镑一只（合现在中国五十余元）；白金只二镑余。中国所见白金似非真白金。此间黄金戒指也甚贵，有时也要三镑多。但在此所见，绝少有戴白金戒指的人，不知何故，将来打听便知。

这些时肠胃不和我为难了，胃口也渐渐复原。但夜中睡时，乱梦甚多，醒来甚累，想系精神不定之故。若与你同在，当决不至此吧！海山万里，怎么办呢！现在无聊时，不想抽烟而爱吃糖。这是从一位友人处受了影响，但这不利于胃，且未免太像女人脾气了，是不是？但是记得你似乎不大吃糖的？我记错没有？你一切好！

你的清

（一九三一年）十一月十四日

①第一次世界大战停战纪念日。朱自清在当天的日记中说："今天是第一次世界大战的停战纪念日，我一大早就到阵亡将士纪念碑前，站在第一排。那庄严肃穆的景象深深地打动了我。特别是当年的老战士走过来时，更使我感动。"

第[58]封 礼物

亲爱的隐妹：

你的长信我今天收到，高兴极了！不但因为这是你从来没写过的长信，并且这是一封每句都有趣味的信！信里说到各人的消息，也给远在异国的人不少安慰。你叙述都用轻快的调子，可见你写信那儿大心情的愉悦；你的愉悦也就是我的，你信不信？

上回的信说给你寄风景片，但去邮局问，须当信寄；我想不如等几天和这封信一同寄吧？你不等得着急吧？新年我想送你一个日历（又是日历，你瞧），因为我有一晚在 Regent Street（伦敦阔街）一家铺子里看见一个，觉得很好。这个你放心，决不至去年

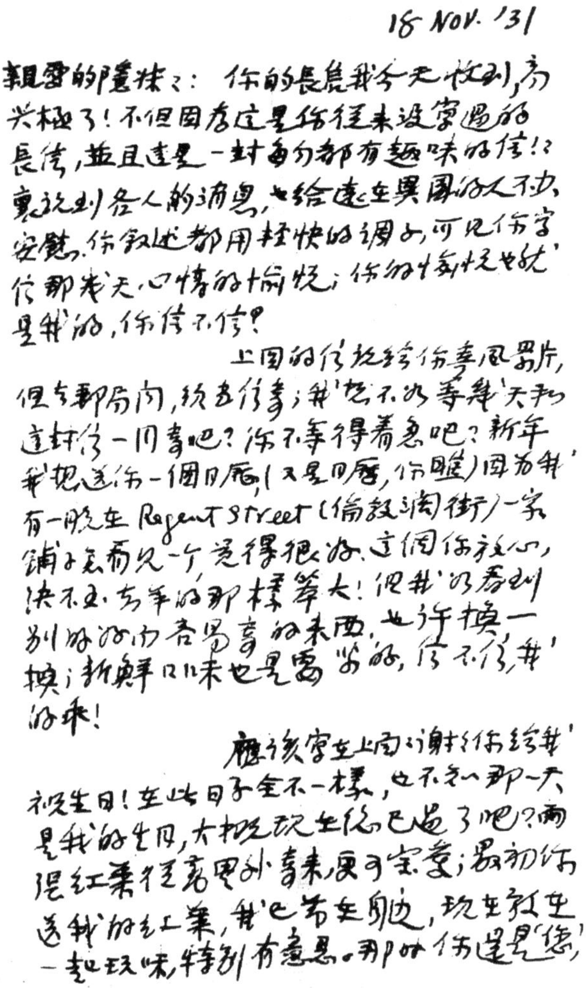
18 NOV. '31

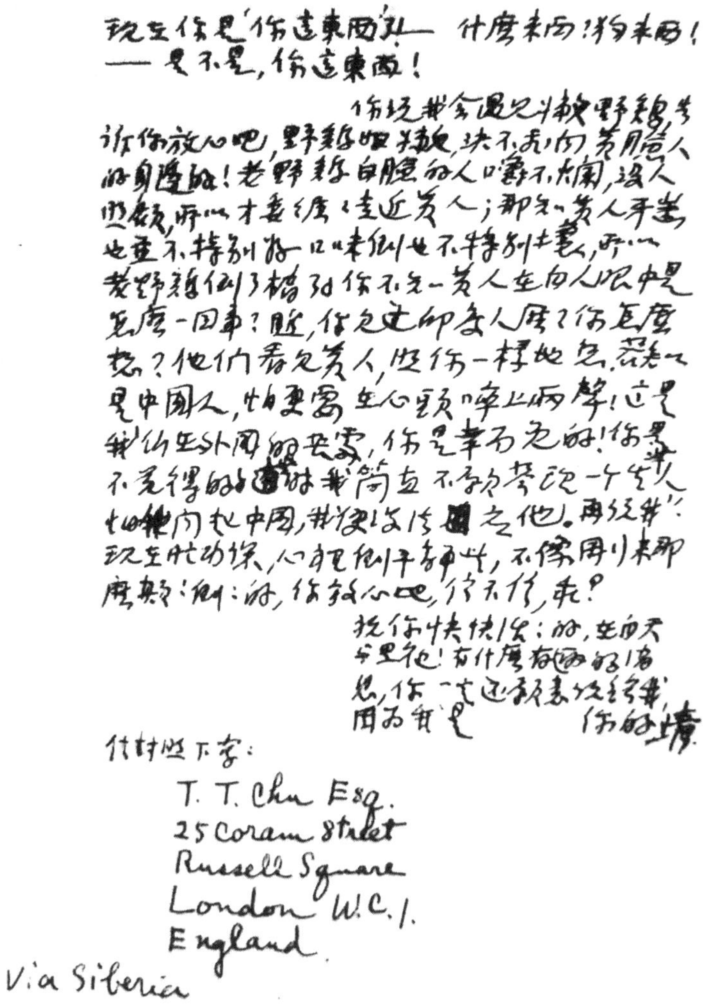

的那样笨大！但我如看到别的好而容易寄的东西，也许换一换；新鲜口味也是要紧的，信不信，我的乖！

应该写在上面：谢谢你给我祝生日！在此日子全不一样，也不知那一天是我的生日，大概现在总已过了吧？两张红叶从万里外寄来，更可宝爱；最初你送我的红叶，我已带在身边，现在放在一起玩味，特别有意思。那时，你还是“您”，现在你是“你这东西”了！——什么东西？狗东西！——是不是，你这东西！

你说我会遇见嫩野鸡，告诉你放心吧，野鸡如嫩，决不飞向黄脸人的身边的！老野鸡白脸的人嚼不烂，没人照顾，所以才委委屈屈走近黄人；那知黄人牙齿也并不特别好，口味倒也不特别坏，所以老野鸡倒了霉了。你不知黄人在白人眼中是怎么一回事？瞧，你见过印度人么？你怎么想？他们看见黄人，照你一样地想。若知是中国人，怕更要在心头啐上两声！这是我们在外国的苦处，你是幸而免的！你是不觉得的！这些时我简直不愿答理一个生洋人，怕他们问起中国，我便没法应他。再说我现在忙功课，心里倒平静些，不像刚来那么颠颠倒倒的，你放心吧，信不信，乖！

祝你快快活活的，在白天与黑夜！有什么有趣的消息，你定还愿意说给我，因为我是

你的清

一九三一年十一月十八日

信封照下字：

T.T. chm. Esg.

25 coram street

Russell squane

London W. C. I.

Eng land

via sitenia

第[59]封 二娃

亲爱的隐妹妹：

这回对不起，信晚了五天！因为想买了日历一并寄，但这几天都忙，没有上大街去，所以耽延下来，累你盼望，真该挨骂！希望你不至于真骂才好！日历想后天买了寄你。

我有一封信寄到六妹处，她走了，不知你收到否？在外国写信有一层苦处，就是信走得太久，彼此的信都像说的古事一般；若有新鲜问题急待回答，那可真只好干着急了。幸而我们也没有什么新鲜问题，只是一去一来要一个月，实在气闷得慌。你当

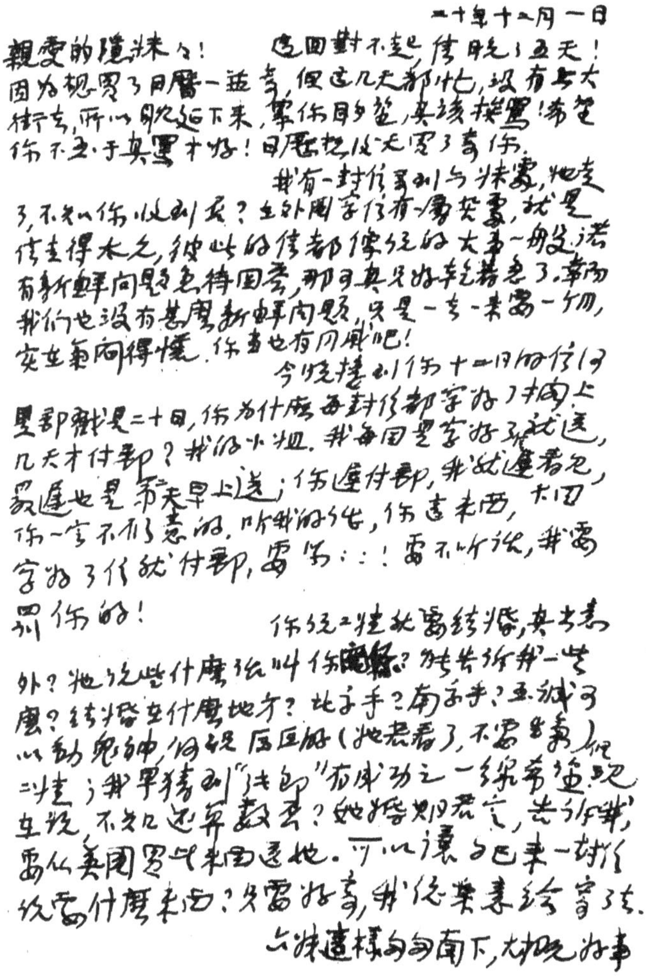
二十年十二月一日
親愛的隱妹妹：這回對不起，信晚了五天！因為想買了日曆一並寄，但這幾天都忙，沒有上大街去，所以耽延下來，累你盼望，真該挨罵！希望你不至于真罵才好！日曆想後天買了寄你。
我有一封信寄到六妹處，她走了，不知你收到否？在外國寫信有一層苦處，就是信走得太久，彼此的信都像說的古事一般，若有新鮮問題急待回答，那可真只好乾着急了。幸而我們也沒有甚麼新鮮問題，只是一去一來要一個月，實在氣悶得慌。你當也有同感吧！
今晚接到你十一月的信，[illegible]
[illegible]
六妹這樣匆匆南下，大概沒事

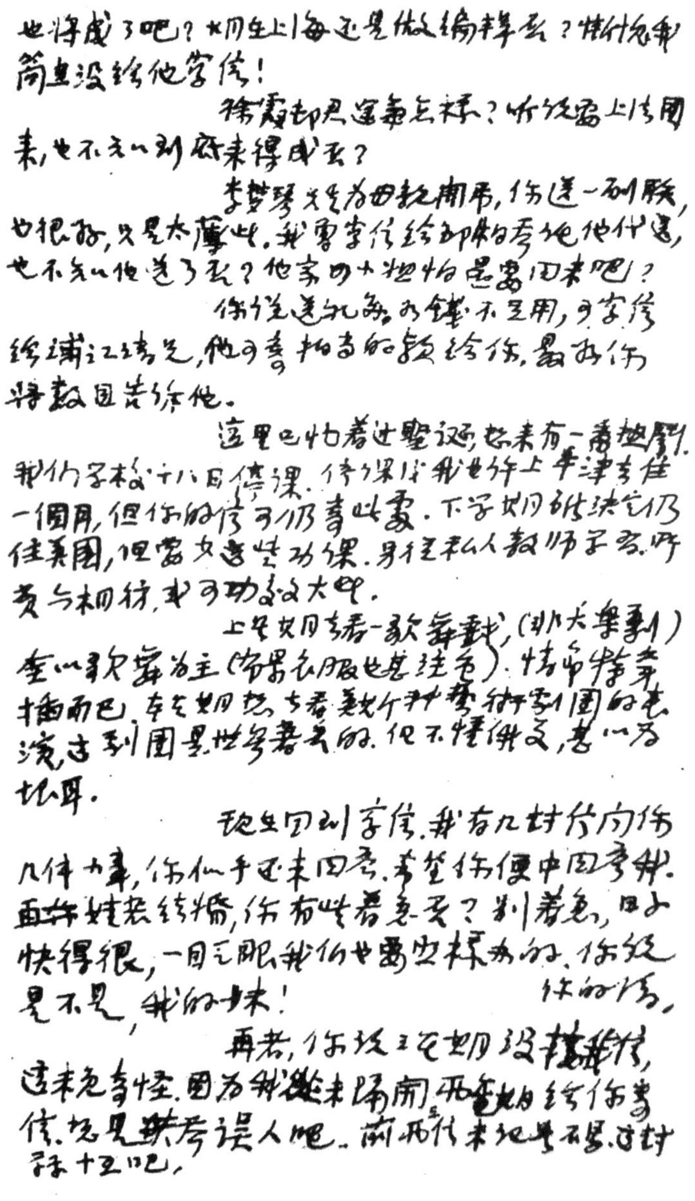

也有同感吧！

今晚接到你十二日的信，可是邮戳是二十日，你为什么每封信都写好了搁上几天才付邮？我的小姐。我每回是写好了信就送，最迟也是第二天早上送；你迟付邮，我就迟看见，你一定不愿意的。听我的话，你这东西，下回写好了信就付邮，要紧要紧！要不听话，我要罚你的！

你说二娃就要结婚，真出意外？她说些什么话叫你回条？能告诉我一些么？结婚在什么地方？北京乎？南京乎？至诚可以动鬼神，何况区区的（她若看了，不要生气）二娃；我早猜到“张郎”有成功之一线希望。但现在说，不知还算数否？她婚期若定，告诉我，要从英国买些东西送她。可以让她自己来一封信说要什么东西？只要好寄，我总乐意给寄了去。

六妹这样匆匆南下，大概好事也将成了吧？胡在上海还是做编辑否？惭愧我简直没给他写信！

徐霞邨君[1]运气怎样？听说要上法国来，也不知到底来得成否？

李梦琴先生为母亲开吊，你送一副联，也很好，只是太薄些。我曾写信给邹湘乔托他代送，也不知他送了否？他家四小姐怕还要回来吧？

你说送礼多。如钱不足用，可写信给浦江清兄，他可寄相当的款给你，最好你将数目告诉他。

这里已忙着过圣诞，想来有一番热闹。我们学校十八日停课。停课后我也许上牛津去住一个月，但你的信可仍寄此处。下学期虽决定仍住英国，但要少选些功课。另从私人教师学习，所费亦相仿，或可功效大些。

上星期去看一歌舞戏（非大乐剧），全以歌舞为主（布景、衣服也甚注重），情节特穿插而已。本星期想去看莫斯科艺术剧团的表演，这剧团是世界著名的。但不懂俄文，甚以为恨耳。

现在回到寓所写信。我有几封信问你几件小事，你似乎还未回答，希望你便中回答我。再二娃若结婚，你有些着急否？别着急，日子快得很，一眨眼我们也要照样办的。你说是不是，我的妹！

你的清

一九三一年十二月一日

再者，你说三星期没接我信，这未免奇怪。因为我从未隔开两星期给你寄信，想是天公误人吧！前两三信未记号码，这封算十五吧。

---

①徐霞村（1907~1986），或作徐霞邨，作家、学者。湖北阳新人，出生于上海。早年就读于北京大学。先后任教于北京大学、北京师范大学、北京女子师范大学、齐鲁大学、重庆商船专科学校。新中国成立后任厦门大学中文系、外文系教授。

第[60]封 女人

隐妹，亲爱的人：

这些日子接了你不少信，谢谢你（现在是收到第十五号了）！你的信是我最大的安慰，特别是在万里外的今日！更高兴的，你已经弄清楚我的地名了；从前老担心，怕你的信退回去或丢了，因为地名写得实在太奇怪了！幸而写上中国使馆转交；不然一定不会到的！

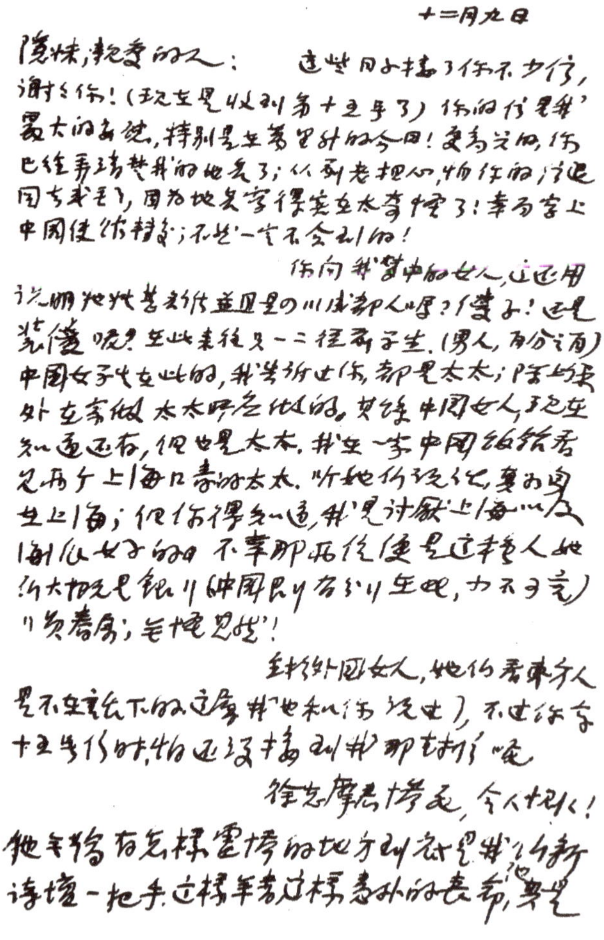

你问我梦中的女人，这还用说明她姓甚名谁，并且是四川成都人吗？傻子！还是装傻呢？在此来往只一二从前学生（男人，百分之百）。中国女学生在此的，我告诉过你，都是太太；除上课外在家做太太所应做的。其馀中国女人，现在知道还有，但也是太太。我

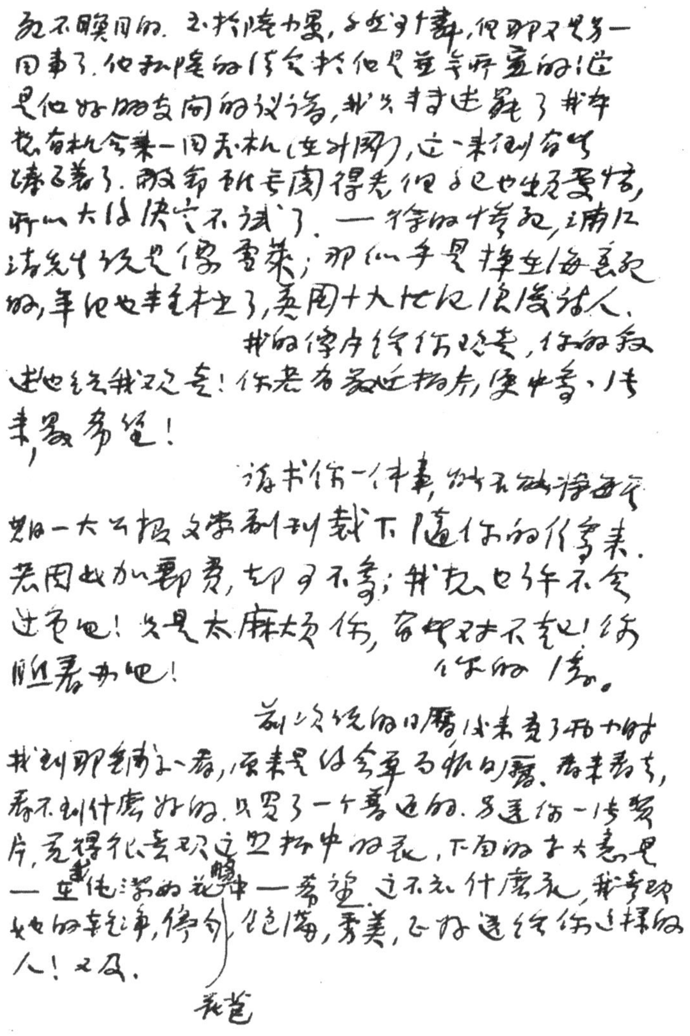

在一家中国饭馆看见两个上海口音的太太，听她们说话，真如身在上海；但你得知道，我是讨厌上海以及海派女子的。不幸那两位便是这种人。她们大概是银行（中国银行有分行在此，小不可言）行员眷属，无怪其然！

至于外国女人，她们看东方人是不在话下的。这层我也和你说过了，不过你写十五号信时，怕还没接到我那封信呢。

徐志摩君①惨死，令人恻恻！他无论有怎样虚的地方，到底是我们新诗坛一把手。这样年青，这样意外的丧命，他真是死不瞑目的。至于陆小曼[2]，自然可怜，但那又是另一回事了。他和陆的结合于他是并无所益的！这是他好朋友间的议论，我只转述罢了。我本想有机会乘一回飞机（在外国），这一来倒有些踌躇了。敝命虽无关得失，但自己也颇爱惜，所以大约决定不试了。——徐的惨死，浦江清先生说是像雪莱；那似乎是掉在海里死的，年纪也轻极了，英国十九世纪浪漫诗人。

我的像片给你欢喜，你的叙述也给我欢喜！你若有最近相片，便中寄一张来，最希望！

请求你一件事，能不能将每星期一《大公报·文学副刊》裁下随你的信寄来，若因此加邮费，却可不寄；我想也许不会过重吧！只是太麻烦你，有些对不起！你瞧着办吧！

你的清

（一九三一年）十二月九日

前次说的日历，后来费了两小时找到那铺子一看，原来是约会单而非日历。看来看去，看不到什么好的，只买了一个普通的。另送你一张贺片，觉得很喜欢这照相中的花，下面的字大意是——在我纯洁的花盘花苞中——希望。这不知什么花，我喜欢她的干净、停匀、饱满、秀美，正好送给你这样的人！又及。

---

①徐志摩（1897~1931），诗人，散文家。浙江海宁人。新月派代表诗人。先后就读于沪江大学、北洋大学、北京大学。1918年起，先后留学美国克拉克大学、哥伦比亚大学，英国剑桥大学。归国后曾任教于北京大学、光华大学、大夏大学、中央大学等。1931年11月19日因飞机失事罹难。②陆小曼（1903~1965），画家。江苏常州人。因与徐志摩的婚恋而进入公众视野。

第 [61] 封 一对

亲爱的隐妹妹：

今早——此刻——接你本月一日的信；这回的信走得真慢，比寻常要多一礼拜，想来我去的信也要迟一礼拜到你眼里，无怪你生气了。我在此地，忙是有的；说将你的信看作“无意思”，那是有中国的“皇天”，外国的耶稣基督在上，我朱某是决没有存过那个意思的！这回信的延迟，显然是东三省铁路关系，我们可以想到；但信还得由西伯利亚走，因为走海道更慢了。你等我的信着急，我还不是一样！昨晚上还想到你怎样又老不来信了，觉得寂寞起来，那正是十二点临睡的时候！今早你

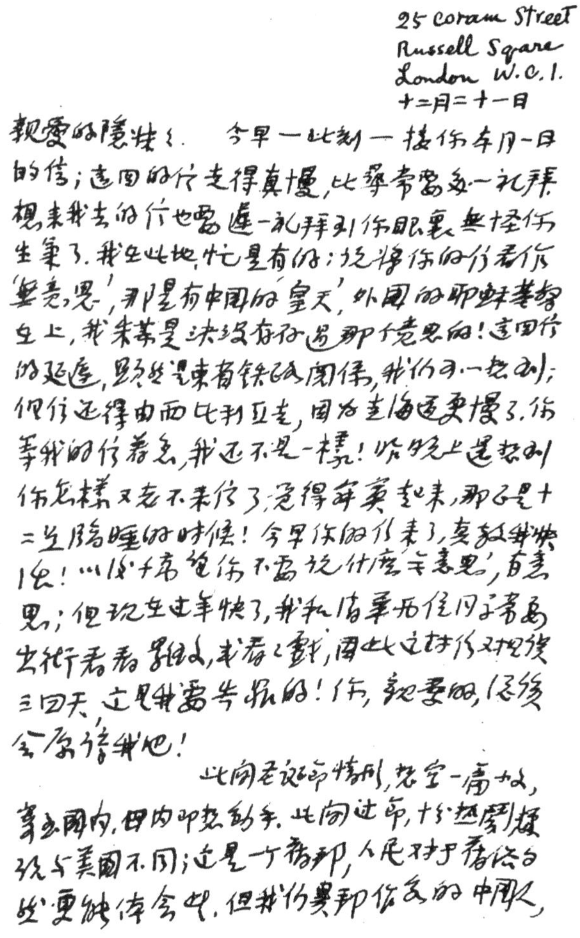
25 Coram Street
Russell Square
London W.C.1.
十二月二十一日

親愛的隱妹妹：今早——此刻——接你本月一日的信；這回的信走得真慢，比尋常要多一禮拜，想來我去的信也要遲一禮拜到你眼裏，無怪你生氣了。我在此地，忙是有的；說將你的信看作“無意思”，那是有中國的“皇天”，外國的耶穌基督在上，我朱某是決沒有存過那個意思的！這回信的延遲，顯然是東三省鐵路關係，我們可以想到；但信還得由西比利亞走，因為走海道更慢了。你等我的信着急，我還不是一樣！昨晚上還想到你怎樣又老不來信了，覺得寂寞起來，那正是十二點臨睡的時候！今早你的信來了，真教我快活！以後千萬望你不要說什麼“無意思”，“有意思”；但現在過年快了，我和清華兩位同學常要出街看看熱鬧，或看看戲，因此這封信又把你多耽擱三四天，這是我要告罪的！你，親愛的，總該會原諒我吧！

此間聖誕節情形，想寫一篇文，寄回國內，但內中卻無動手。此間過節，十分熱鬧，據說與美國不同；這是一個舊邦，人民對於舊俗自然更能保全些。但我們要那許多的中國人，

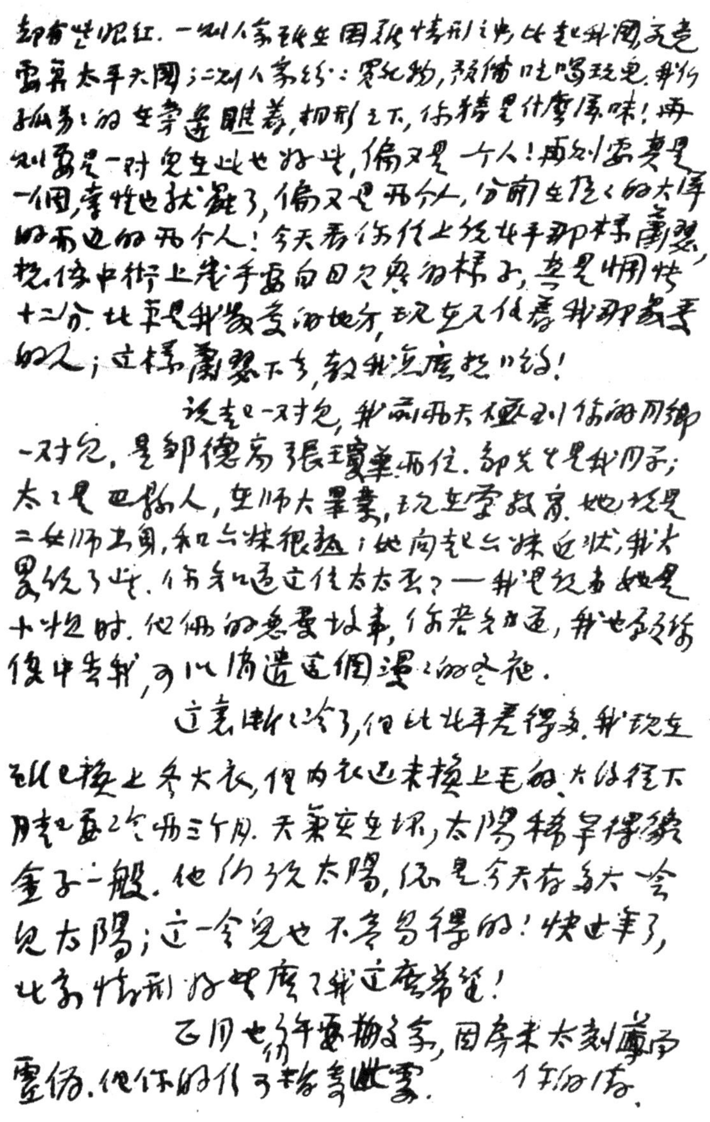

的信来了，真教我快活！以后千万望你不要说什么“无意思”，有意思；但现在过年快了，我和清华两位同学常要出街看看景致，或看看戏，因此这封信又担误三、四天，这是我要告罪的！你，亲爱的，总该会原谅我吧！

此间圣诞节情形，想写一篇小文，寄至国内，日内即想动手。此间过节，十分热闹，据说与美国不同；这是一个旧邦，人民对于旧俗自然更能体会些。但我们异邦作客的中国人，却有些眼红，一则人家虽在困难情形之中，比起我国，究竟要算太平天国；二则人家纷纷买礼物，预备吃喝玩儿，我们孤零零的在旁边瞧着，相形之下，你猜是什么滋味！再则要是一对儿在此也好些，偏又是一个人！再则要真是一个，索性也就罢了，偏又是两个人，分开在茫茫的大洋的两边的两个人！今天看你信上说北平那样萧瑟，想像中街上几乎要白日见鬼的样子，真是惆怅十二分。北平是我最爱的地方，现在又住着我那最爱的人；这样萧瑟下去，教我怎么想哟!

说起一对儿，我前两天碰到你的同乡一对儿，是邹德高、张琼华两位。邹先生是我同学；太太是巴县人，在师大毕业，现在学教育。她说是二女师出身，和六妹很熟；她问起六妹近状，我大略说了些。你知道这位太太否？——我是说当她是小姐时。他俩的恋爱故事，你若知道，我也愿你便中告我，可以消遣这个漫漫的冬夜。

这里渐渐冷了，但比北平差得多。我现在虽已换上冬大衣，但内衣还未换上毛的，大约从下月起要冷两三个月。天气实在坏，太阳稀罕得像金子一般。他们说太阳，总是今天有多大一会儿太阳；这一会儿也不容易得的！快过年了，北平情形好些么？我这么希望!

正月也许要搬家，因房东太刻薄而虚伪。但你的信可暂寄此处。

你的清

（一九三一年）十二月二十一日

第[62]封 圣诞

亲爱的隐妹：

昨天接你来信及贺片，谢谢！但你说你病了，信又写得从来没有的短，使我心里很为烦忧！你的病是不是伤风一类呢？你这半年来的身体到底怎样？来信虽也有时略略说一二句，但不详细，不确定；希望你这次来信能认真叙述一些，为教远路的我放心！你这回的病，到看我这信时想早已好了！我身体这半年内算是很好，肠胃现已如常。前日对镜，觉得瘦些，但身体并不觉怎样！现在我搬家，在房东家带早晚饭；此房东人甚好，饭也较好，以后想能渐胖起来。但我并不要太胖；要太胖只

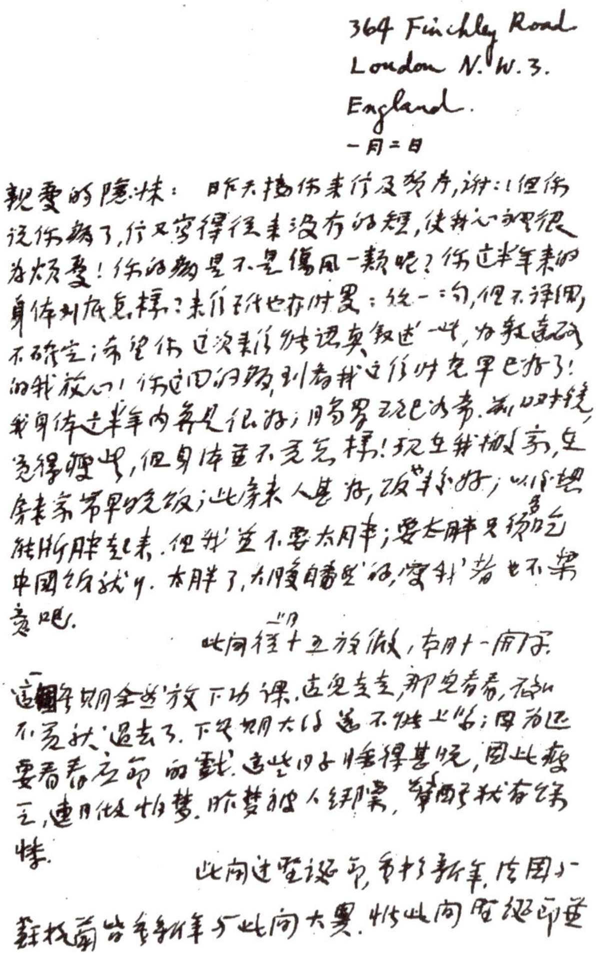

364 Finchley Road
London N.W.3.
England.
一月二日

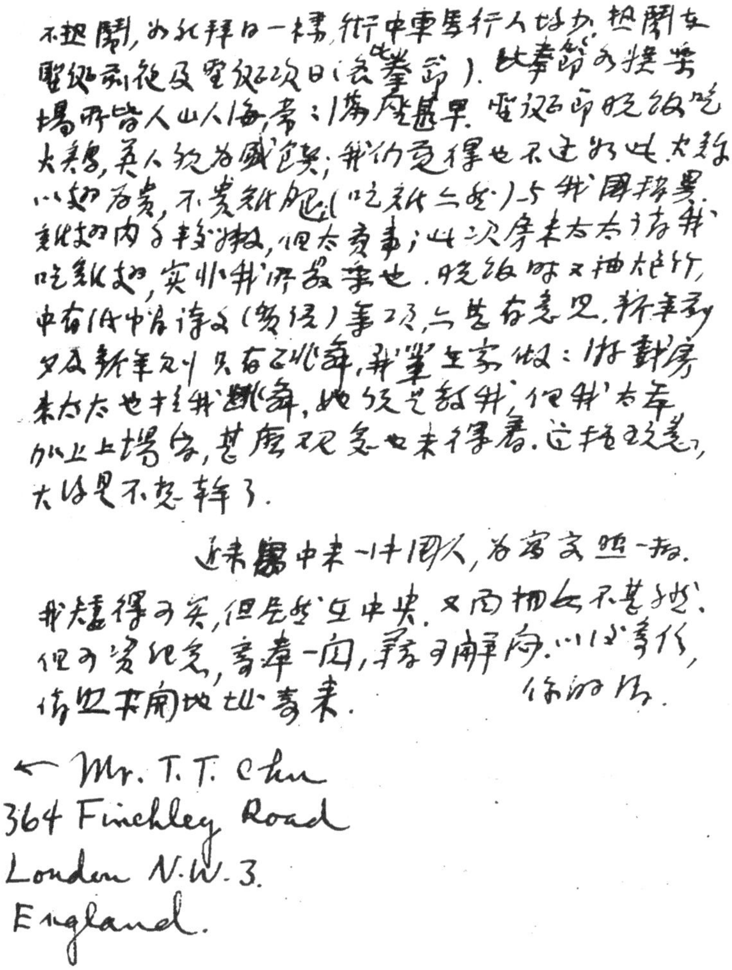
不熱鬧，如禮拜日一樣，街中車馬行人均少，熱鬧在
聖誕前夜及聖誕次日（名比拳節）。比拳節各娛樂
場所皆人山人海，常常滿座甚早。聖誕節晚飯吃
火雞，英人視為盛饌；我們覺得也不過如此。火雞
以翅為貴，不貴雞腿（吃雞亦然）與我國稍異。
雞翅肉自較嫩，但太費事；此次房東太太請我
吃雞翅，實非我所歡喜也。晚飯時又抽[illegible]，
中有[illegible]（[illegible]）等[illegible]，亦甚有意思。[illegible]
夕及新年夜則只有跳舞，我[illegible]做之。[illegible]房
東太太也[illegible]我跳舞，她[illegible]，但我太笨，
加以上場[illegible]，甚麼觀念也未得着。這種玩意，
大約是不想[illegible]了。

近來[illegible]中來一[illegible]國人，為寫其照一張。
我想得可笑，但是坐在中央。又兩[illegible]都不甚好。
但可資紀念，寄奉一閱，藉可解悶。以後寫信，
請照英國地址寄來。 佩弦 信

← Mr. T. T. Chu
364 Finchley Road
London N.W. 3.
England.

须多吃中国饭就行。太胖了，大腹皤然的，爱我者也不乐意吧。

此间从上月十五放假，本月十一开学。这一个星期全然放下功课，这儿走走，那儿看看，不知不觉就过去了，下星期大约还不能上紧；因为还要看看应节的戏。这些日子睡得甚晚，因此疲乏，连日做怕梦。昨梦被人绑票，惊醒犹有馀悸。

此间过圣诞节，重于新年，法国与苏格兰皆重新年与此间大异。惟此间圣诞节并不热闹，如礼拜日一样，街中车马行人均少，热闹在圣诞前夜及圣诞次日（名比拳节[1]）。比拳节各娱乐场所皆人山人海，常常满座甚早。圣诞节晚饭吃火鸡，英人视为盛馔；我们觉得也不过如此。火鸡以翅为贵，不贵鸡腿（吃鸡亦然），与我国稍异。鸡翅肉自较嫩，但太费事；此次房东太太请我吃鸡翅，实非

我所最乐也。晚饭时又抽炮竹，中有纸帽诗文（贺语）等项，亦甚有意思。新年前夕及新年则只有跳舞，我辈在家做做游戏。房东太太也拉我跳舞，她说是教我，但我太笨，加上上场昏，什么观念也未得着。这种玩意，大约是不想干了。

近来寓中来一中国人，为寓客照一相。我矮得可笑，但居然在中央，又面相不甚自然。但可资纪念，寄奉一阅，借可解闷。以后寄信，请照下开地址寄来。

你的清

（一九三二年）一月二日

Mr.T.T.Chu

364 Finchley Road

London N. W.3.

England.

①节礼日（Boxing Day），风行于英联邦部分国家。节礼日原称圣司提反节（St. Stephen's Day），为纪念圣司提反遭异教徒用石块砸死，成为基督教第一位殉教者。"Boxing Day"词出现于中世纪，当时圣诞节前教堂门口放置捐款箱，圣诞节次日工作人员开箱将捐款赠给穷人，由此得名。此节一度销声匿迹，至十九世纪再度风行，英国皇宫贵族习惯于将送给仆人的礼物包入盒中，圣诞节次日送出。"Boxing"在英文中有"装盒"和"拳击"两种含义，不少人因而以为此节日跟拳击有关，但两者实无关联。

第 [63] 封 新房

亲爱的隐妹：

我星期一搬来此地，一切还算安适[①]。房间比从前住的小些，但从前在第四层，现在第三层，楼梯也好些（宽而稳），上下省力多了。又从前屋内时有煤气臭味，现在是没有了。但屋内顶上有两道斜坡，两坡中间即是窗户。在此吃早晚饭，女厨子手段甚好，菜极可口。但这两天吃得好了，胃倒不舒服起来，你说怪不怪，真是不受抬举的胃了。

此间住客本有一中国人[②]，系清华旧同学，现在到别处旅行去了，剩下一日本人，我们彼此不大说话。房东系一寡妇，其夫乃一诗

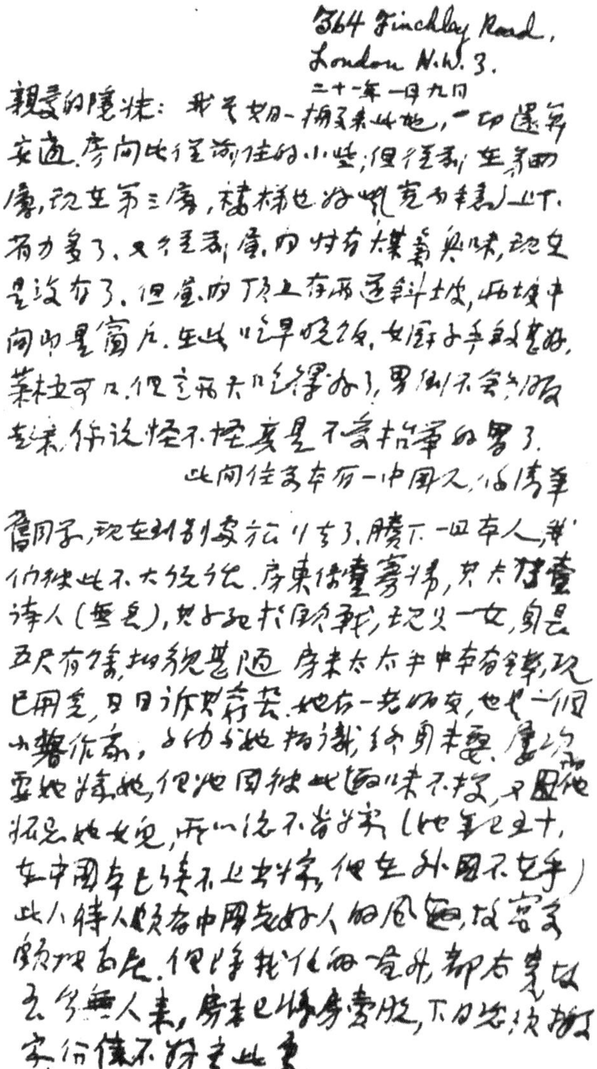
364 Finchley Road,
London N.W. 3.
二十一年一月九日

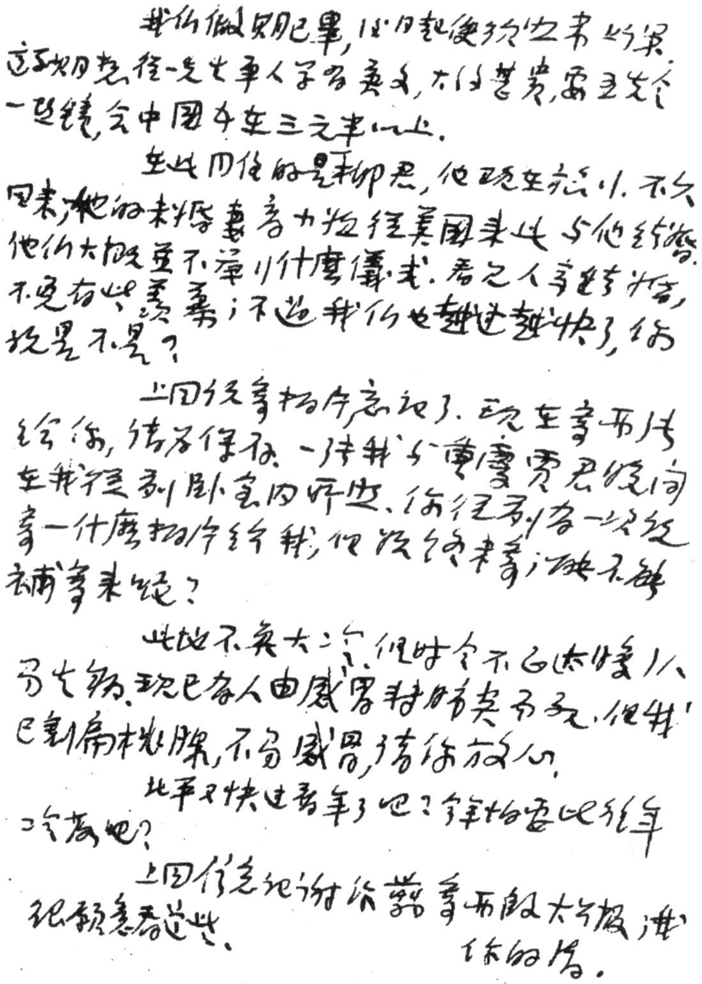

人（无名），其子死于欧战，现只一女，身长五尺有馀，相貌甚陋。房东太太手中本有钱，现已用完，日日诉其穷苦。她有一老朋友，也是一个小著作家，自幼与她相识，终身未娶，屡次要她嫁他，但她因彼此趣味不投，又因怕他妒忌她女儿，所以总不肯嫁（她年已五十，在中国本已谈不上出嫁，但在外国不在乎）。此人待人颇有中国老好人的风趣，故寓客颇能安居。但除我住的一屋外，都太贵，故至今无人来。房东已将房卖脱，下月恐须搬家，你信不妨寄此处。

我们假期已毕，后日起便须照常上课。这学期想从一先生单人学习英文，大约甚贵，要五先令一点钟，合中国钱在三元半以上。

在此同住的是柳君，他现在旅行，不久回来；他的未婚妻高小姐③从美国来此与他结婚，他们大概并不举行什么仪式。看见人家结婚，不免有些羡慕；不过我们也越过越快了，你说是不是？

上回说寄相片，忘记了。现在寄两张给你，请为保存。一张我与重庆贾君晚间在我从前卧室内所照。你从前有一次说寄一什么相片给我，但始终未寄；能不能补寄来呢？

此地不算太冷，但时令不正（太暖），人易生病。现已有人由感冒转肺炎而死，但我已割扁桃腺，不易感冒，请你放心。

北平又快过旧年了吧？今年怕要比往年冷落吧？

上回信忘记谢你剪寄两段《大公报》；我很愿意看这些。

你的清

（一九三二年）一月九日

---

①迁居至芬乞来路歇卜士太太家。朱自清在散文集《伦敦杂记》的《房东太太》、《圣诞节》等文中有对歇卜士太太的记述。②“中国人”，与下文出现的“柳君”，均指柳无忌。柳无忌（1907~2002），作家、学者。江苏吴江人，柳亚子长子。1925年入清华学校中文系，是朱自清的学生。1927年留学美国耶鲁大学，获博士学位。先后在南开大学、西南联合大学、中央大学任教。1945年赴美国讲学并定居美国，先后任教于劳伦斯大学、耶鲁大学、印第安那大学。③高蔼鸿，浙江嘉善人。

第 [64] 封 时局

亲爱的隐妹：

搬到这里现在是第四个星期开始了，白盼望了三个星期，你的信是渺无踪影！是病了么？是别的缘故么？真有些令人惶惑了。但愿你不是病就好！

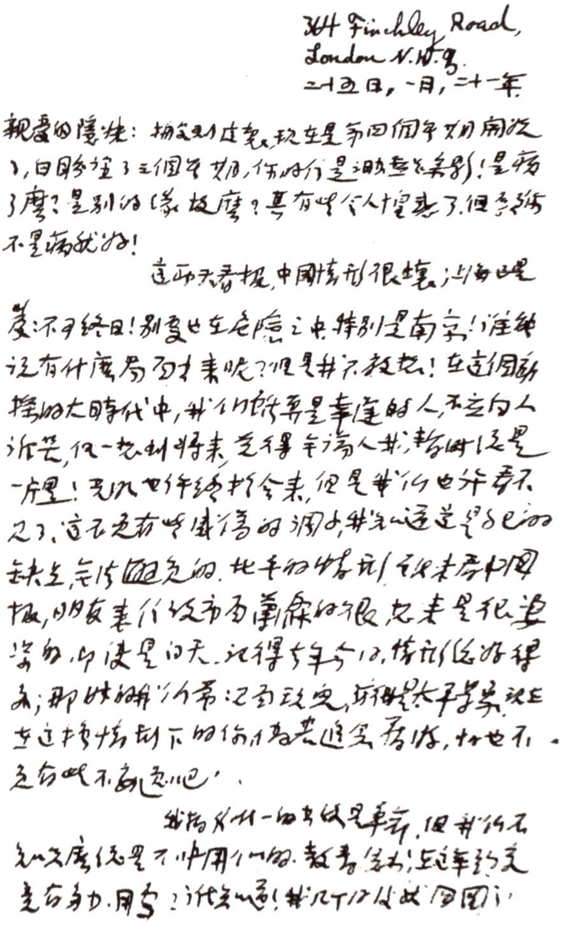
364 Finchley Road,
London N.W.3.
二十五日，一月，二十一年

这两天看报，中国情形很坏；上海已是岌岌不可终日[1]！别处也在危险之中，特别是南京！谁能说有什么局面出来呢？但是我不敢想！在这个动摇的大时代中，我们虽算是幸运的人，不应向人诉苦，但一想到将来，觉得无论人我，暂时总是一片黑！光明也许终于会来，但是我们也许看不见了。这不免有些感伤的调子，我知道这是自己的缺点，无法避免的。北平的情形，虽未看中国报，朋友来信说市面萧条的很，想来是很凄凉的，即使是白天。记得去年今日，情形总好得多；那时的我们常常见面玩儿，仿佛是太平景象。现在在这种情形下的你，倘若追念旧游，怕也不免有些不安逸吧。

我相信唯一的出路是革命，但我们不知怎么总是不中用似的。教书念书，在这年头究竟有多少用处？谁知道！我几个月后就回国了，不知道那时中国是什么样子。唉！还是不想的好！——但是，话说回来，知道这几个月内我们会不会和日本交战？万一交战，我们也许就得回国，也说不定。

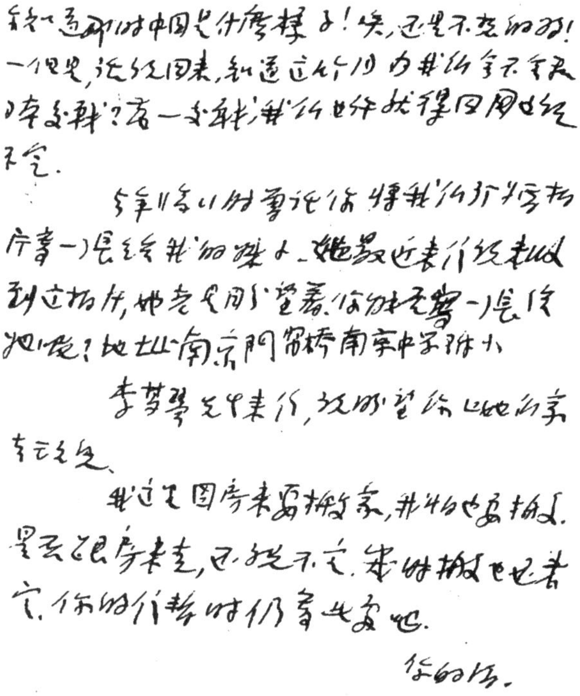
知道那时中国是什么样子！唉，还是不想的好！一但是，话说回来，知道这几个月内我们会不会和日本交战？万一交战，我们也许就得回国，也说不定。

去年临行时曾托你将我们订婚相片寄一张给我的妹妹，她最近来信说未收到这相片，她老是盼望着。你能否寄一张给她呢？地址南京門帘桥南京中学附小

李梦琴先生来信，说盼望你上她们家去玩玩。

我这里因房东要搬家，我怕也要搬。是否跟房东走，还说不定。几时搬也还未定。你的信暂时仍寄此处吧。

你的清

去年临行时曾托你将我们订婚相片寄一张给我的妹妹，她最近来信说未收到这相片，她老是盼望着。你能否寄一张给她呢？地址南京门帘桥南京中学附小。

李梦琴先生来信，说盼望你上她们家去玩儿。

我这里因房东要搬家，我怕也要搬。是否跟房东走，还说不定，几时搬也还未定。你的信暂时仍寄此处吧。

你的清

（一九三二年）一月二十五日

①此处和下文的“上海的事”，均指上海“一•二八”事变。

第[65]封 用钱

亲爱的隐妹：

昨天接到你两封信，大为欣慰！一是你的病虽然不轻，又接着伤风，但写后一信时已全好了。这教远路的人放下一条心，谢谢你的信！二是到此后第一回读你的信，三个星期过去了，你知道，你该知道我的心是怎样寂寞呢？谢谢你的好意，不教二娃妹写信给我，但写信给我让我担心，现在想，也许比寂寞要有意思。自然我并不怪你，你的心我说我是懂得的。现在你新病之后，处处望你保养，千万想着远处的人，看重你自己，如你病中所想的！你没有说是什么传染病？到底是什么病呢？

你现在练滑冰，是一种很好的运动，于你身体精神都有益；接此信时，该已滑得很好了吧！你说陈其元君约你去济南，我没听你说起陈君，不知何人？也许

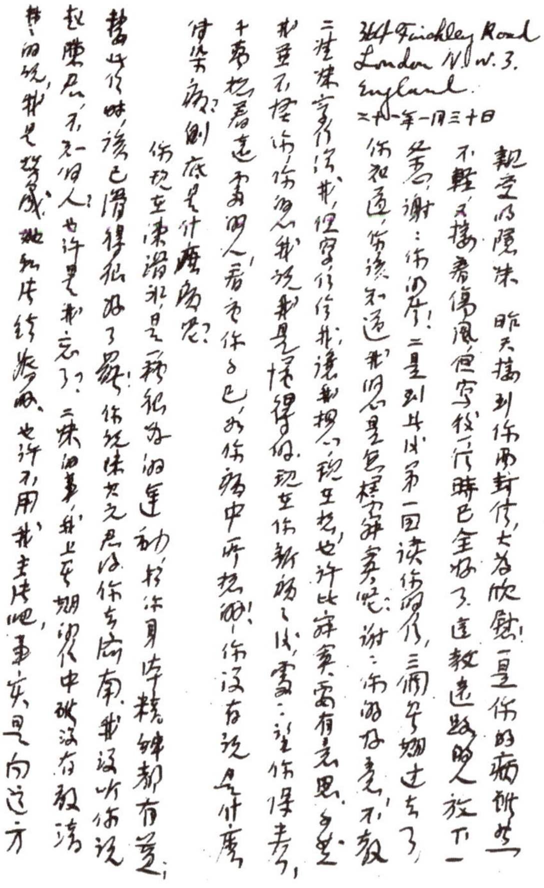
364 Finchley Road
London N.W.3.
England.
二十一年一月三十日

親愛的隱妹
昨天接到你兩封信，大為欣慰！一是你的病雖然不輕，又接着傷風，但寫後一信時已全好了，這教遠路的人放下一條心，謝謝你的信！二是到此以來第一回讀你的信，三個星期過去了，你知道，你該知道我的心是怎樣寂寞呢！謝謝你的好意，不教二娃妹寫信給我，但寫信給我讓我擔心，現在想，也許比寂寞要有意思。自然我並不怪你，你的心我說我是懂得的。現在你新病之後，處處望你保養，千萬想着遠路的人，看重你自己，如你病中所想的！你沒有說是什麼傳染病，到底是什麼病呢？
你現在練滑冰，是一種很好的運動，於你身體精神都有益；接此信時，該已滑得很好了罷。你說陳其元君約你去濟南，我沒聽你說起陳君，不知何人？也許是我忘了？二妹的事，我也想在假期中談談，沒有談攏，所以說我也贊成她和你繼續吧，也許不用我去信吧，事實是向這方

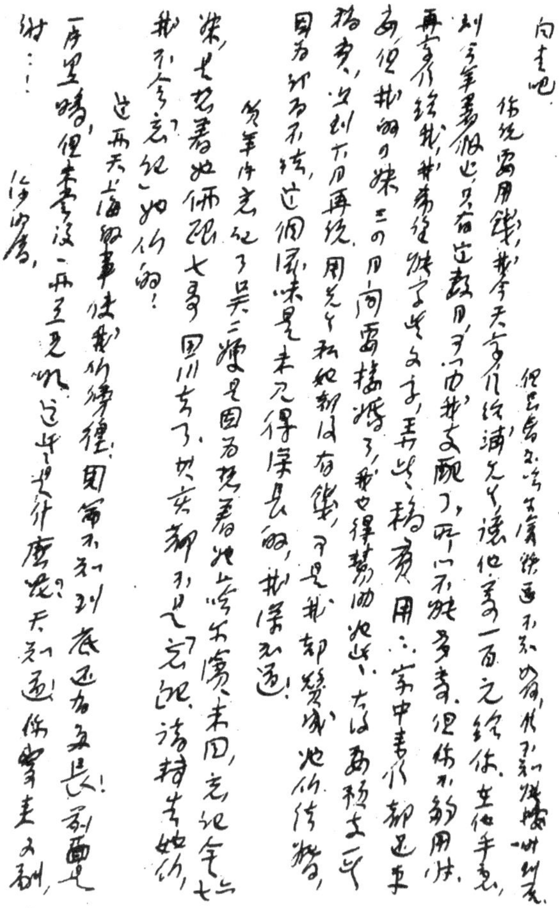

是我忘了？二妹的事，我上星期的信中确没有敢清楚的说，我是赞成她和张结婚的。也许不用我主张吧，事实是向这方向走吧。

你说要用钱，我今天写信给浦先生，让他寄一百元给你。在他手里到今年暑假止，只有这数目，可以由我支配了，所以不能多寄。但你不够用时，再写信给我，我希望能写些文字，弄些稿费用用。家中来信都还平安，但我的四妹三四月间要结婚了，我也得帮助她些。大约要预支一些稿费，且到下月再说。周先生和她都没有钱，可是我却赞成他们结婚，因为订而不结，这个滋味是未见得深长的，我深知道！

贺年片忘记了吴二嫂，是因为想着她上哈尔滨未回；忘记金六妹、七妹，是想着她俩跟七哥四川去了。其实都不是“忘记”，请转告她们，我不会“忘记”她们的！

这两天上海的事使我们彷徨！国命不知到底还有多长！前面是一片黑暗，但未尝没一两点光明，这些是什么呢？天知道！你寄来《文副》，谢谢！

你的清

（一九三二年）一月三十日

第[66]封 搬家

亲爱的隐妹：

今晚接你来信并近影，高兴极了。你像是胖得多了；看了这两张样子，所得的安慰，真是连我自己也不能预料到的。这两天跑得厉害，晚上渴睡异常；但今天不渴睡了，全是你的作用！你该想像得到几万里外人的寂寞以及他的易于感受，谢谢你这件功劳！我本也想照一相，但未找到相熟的人。照相馆去照，贵极了；昨天有人去，花了三镑钱，合中国五十元，照相六张。我决不愿意如此豪阔，只好等机会吧！

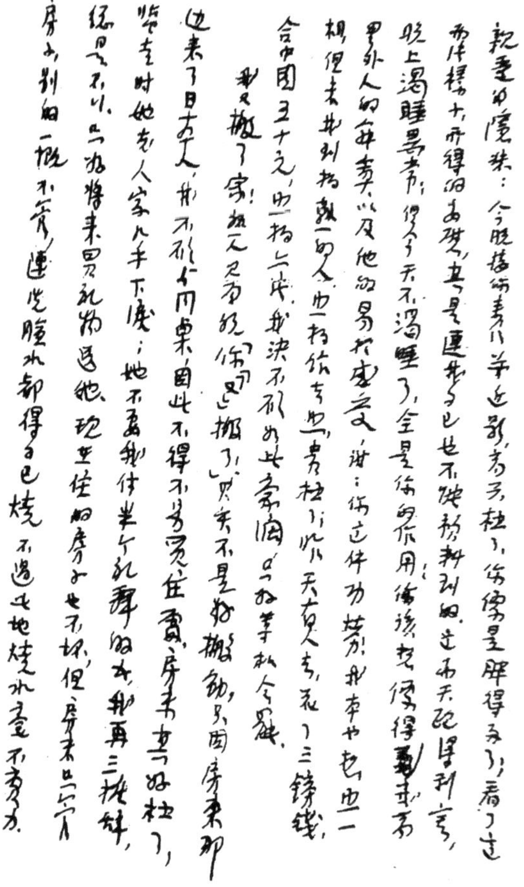
亲爱的隐妹：今晚接你来信并近影，高兴极了。你像是胖得多了；看了这两张样子，所得的安慰，真是连我自己也不能预料到的。这两天跑得厉害，晚上渴睡异常；但今天不渴睡了，全是你的作用。你该想像得到几万里外人的寂寞以及他的易于感受，谢谢你这件功劳！我本也想照一相，但未找到相熟的人。照相馆去照，贵极了；昨天有人去，花了三镑钱，合中国五十元，照相六张。我决不愿如此豪阔，只好等机会罢。

我又搬了家！熟人见面说「你『又』搬了！」其实不是好搬动，只因房东那边来了日本人，我不愿与同桌，因此不得不另觅住处。房东真好极了，临走时她老人家几乎下泪；她不要我付半个礼拜的钱，我再三推辞，总是不行，只好将来买礼物送她。现在住的房子也不坏，但房东只一个人，房子别的一概不管，连洗脸水都得自己烧，不过也有地烧水壶，不费力。

我又搬了家[1]！熟人见面说“你‘又’搬了！”其实不是好搬动，只因房东那边来了日本人，我不愿与同桌，因此不得不另觅住处。房东真好极了，临走时她老人家几乎下泪；她不要我付半个礼拜的钱，我再三推辞，总是不行，只好将来买礼物送她。现在住的房子也不坏，

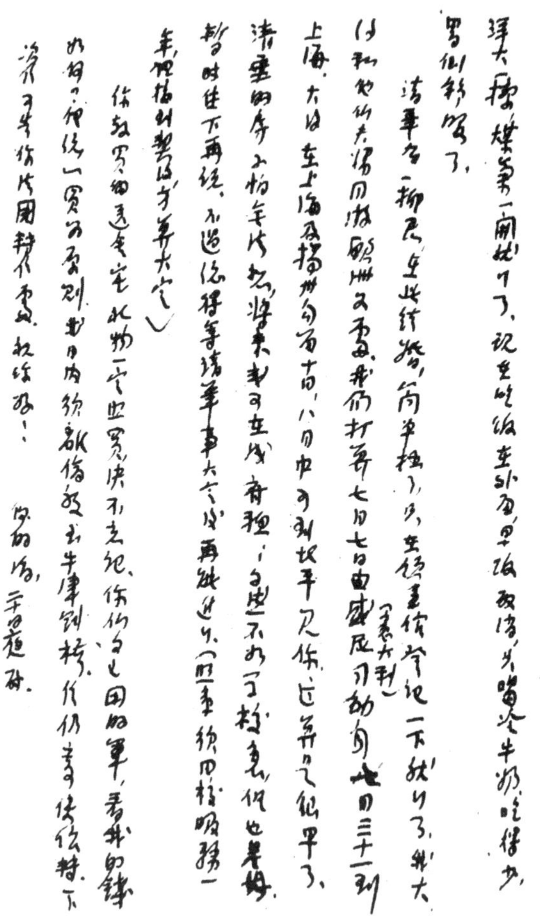

但房东只管房子，别的一概不管，连洗脸水都得自己烧。不过此地烧水毫不费力，洋火一擦，煤气一开就行了。现在吃饭在外面，早饭取消，只喝冷牛奶。吃得少，胃倒舒服了。

清华有一柳君在此结婚，简单极了，只在领事馆登记一下就行了。我大约和他们夫妇同游欧洲各处。我们打算七月七日由威尼斯（意大利）动身，七月三十一日到上海。大约在上海及扬州勾留十日，八月中可到北平见你，这算是很早了。清华的房子怕无法想，将来或可在成府[2]租；自然不如学校里，但也只好暂时住下再说。不过总得等清华事大定后再能进行（照章须回校服务一年，但接到契约，方算大定）。

你教买的送金宅礼物一定照买，决不忘记。你们自己用的笔，看我的馀钱如何？但总以买为原则。我月内须离伦敦至牛津剑桥，信仍寄使馆转。下次信可告你法国转信处。祝你好！

你的清

（一九三二年四月）二十日夜一时

---

①迁居至雷根特公园路118号。②成府路，在清华大学南面，临近校园。

第[67]封 游玩

亲爱的隐妹：

现在我已到了牛津了。这一星期忙定船位，整理行李，乱不可言。我们定在

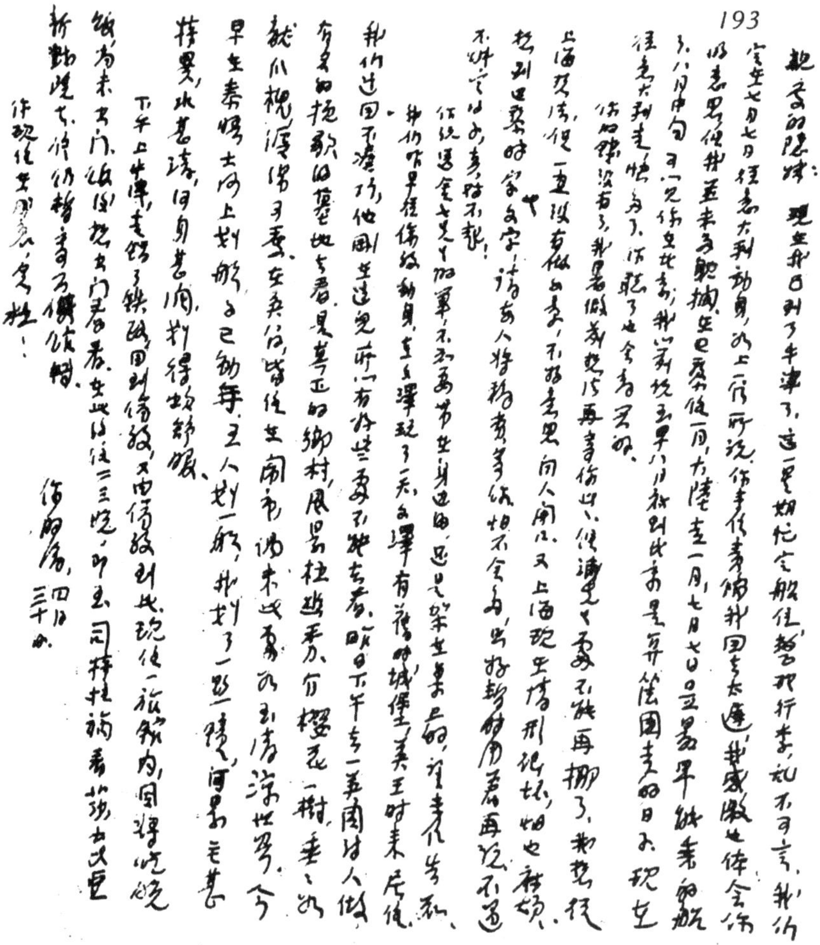

七月七日从意大利动身，如上一信所说。你来信责备我回去太迟，我感激也体会你的意思，但我并未多耽搁。在巴黎住一月，大陆走一月，七月七日是最早能乘的船了。八月中旬可以见你在北平；我以前说至早八月底到北平，是算从法国走的日子。现在从意大利走，快多了。你听了也会高兴的。

你的钱没有了，我暑假前想法再寄你些，但浦先生处不能再挪了。我想从上海想法，但一直没有做文章，不好意思向人开口。又上海现在情形很坏，怕也麻烦。想到巴黎时写些文字，请友人将稿费寄你。怕不会多，只好暂时用着再说，不过不能定日子，真对不起！

你说送金七先生的笔，不知要带在身边的，还是架在桌上的，望来信告知。

我们昨早从伦敦动身，在文泽[①]玩了一天，文泽有旧时城堡，英王时来居住。我们这回不凑巧，他刚在这儿，所以有好些处不能去看。昨日下午去一英国诗人做有名的挽歌的墓地去看[②]。是真正的乡村，风景极幽秀，有樱花一树，垂垂如龙爪槐，缠绵可爱。在英八日，皆住在闹市，偶来此处如至清凉世界。今早在泰晤士河上划船，自己动手。五人划一船，我划了一点钟，河景无甚特异，水甚清，河身甚阔，划得颇舒服。

下午上牛津，走错了铁路，回到伦敦，又由伦敦到此。现住一旅馆内，因将吃晚饭，尚未出门。饭后想出门看看。在此约住二三晚，即至司特拉福[③]看莎士比亚新戏院去。信仍暂寄公使馆转。

你现住在那里，念极！

你的清

（一九三二年）四月三十日

---

①文泽，原文如此，“泽”为“莎”之误。据朱自清当天日记，当指温莎堡。②朱自清在当天日记中说：“参观教堂庭院，托马斯·格雷（Tomas Gray）曾在这儿写下他那著名的挽歌辞，看到了他曾在其下写作的紫杉树。他的坟墓与他母亲和姨母的墓在一块墓地上，环境非常幽美安谧，通往墓地的小径也是那样幽静。这里可真是地道的英国乡村。”③埃文河畔的斯特拉特福小镇是莎士比亚故乡，有莎翁的出生地、故居、墓地，和每天上演莎翁剧作的剧场等。

第[68]封 看画

亲爱的隐妹：

现在身体是早复原了，因为要走，许多地方天天要去看，所以上星期又没给你写信。你定得原谅我，下回再“不”了！你的信都收到，谢谢你，我放下一大块石头似的轻松了。

你治眼，意见甚好。一月不知真能好否？你治眼时应少写字看书，多多休息。现在这信到，也许你眼已全好了；

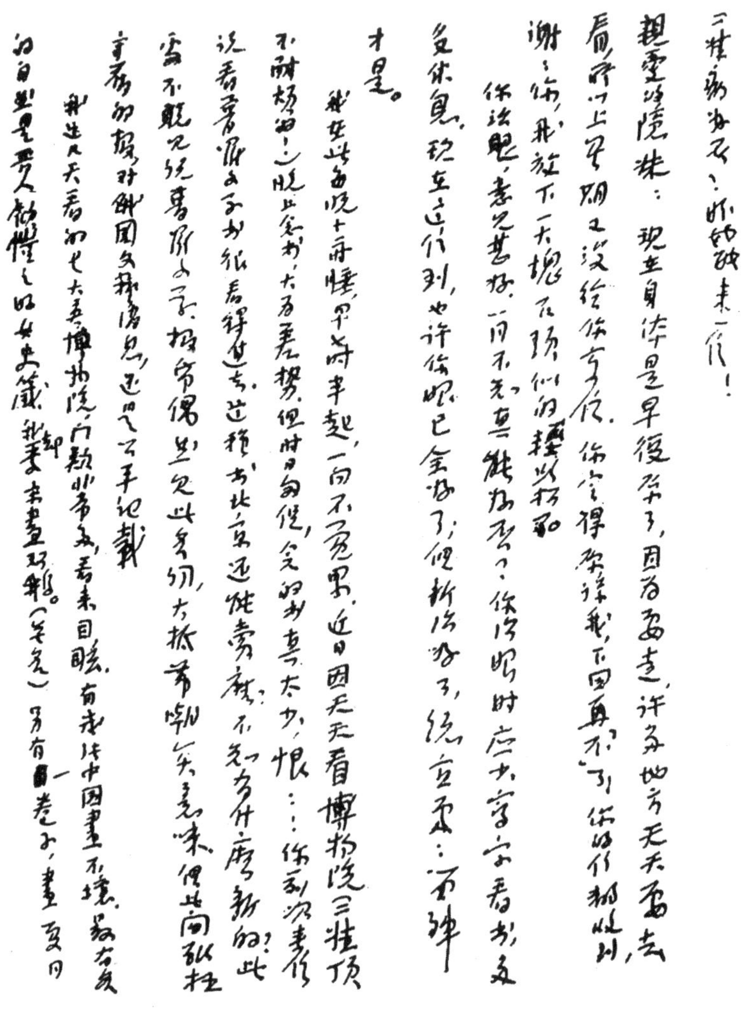

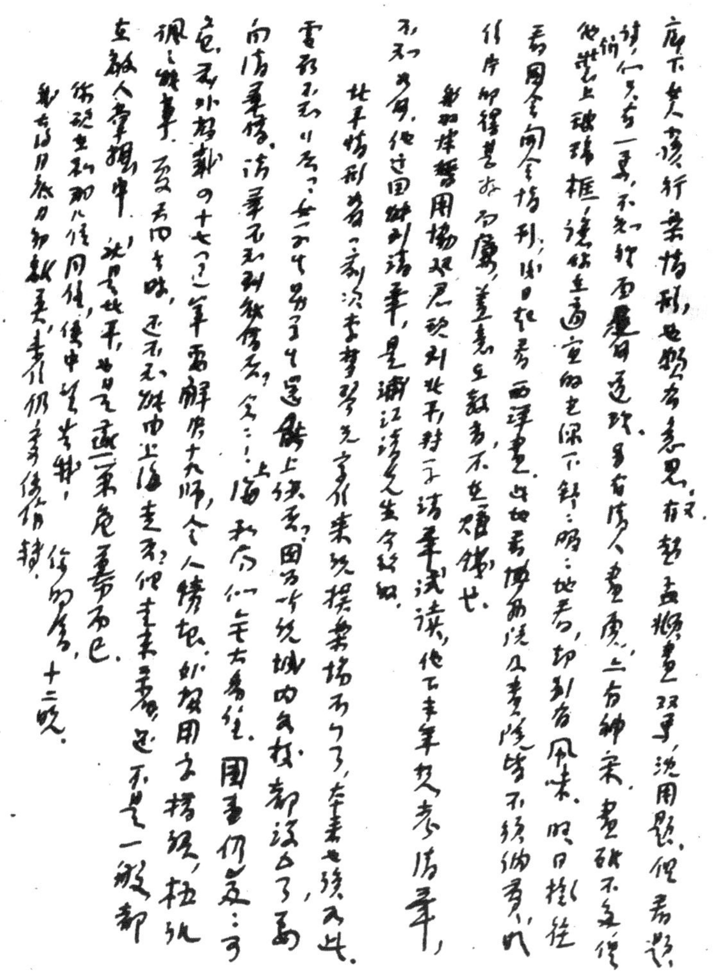

但新治好了，总宜处处留神才是。

我在此每晚十二时睡，早七时半起，一向不觉累，近日因天天看博物院（二娃顶不耐烦的！），晚上念书，大为差势。但时日匆促，念的书真太少，恨恨！你前次来信说看普罗文学书很看得进去。这种书北平还能卖么？不知有什么新的？此处不听见说普罗文学，报纸偶然见此名词，大抵带嘲笑意味。但此间虽极守旧的报，对俄国文艺消息，还是公平记载。

我这几天看的是大英博物院，门类非常多，看来目眩。

有几张中国画不坏，最有名的自然是晋人顾恺之的《女史箴》[①]，我却爱宋画双鹅（无名）。另有一卷子，画夏日廊下女人小孩行乐情形，也颇有意思。又有赵孟頫[②]画双马，沈周[③]题，但看题诗，似只有一马，不知里面是何道理。另有清人画虎，亦有神采。画虽不多，但他们装上玻璃框，让你在适宜的光线下舒舒服服地看，却别有风味。明日拟往看国会开会情形；后日起看西洋画。此地看博物院及画院皆不须纳费，明信片印得甚好而廉，盖意在教育，不在赚钱也。

我的妹婿周翕庭君现到北平，转学清华试读，他下半年想考清华，不知如何。他这回能到清华，是浦江清先生介绍的。

北平情形如何？前次李梦琴兄写信来说娱乐场不行了，本来也该如此。电影不知行么？女学生男学生还能上课否？因为听说城内各校都没钱了，要向清华借。清华不知到底借否？念念！上海和局似无大希望，国事仍岌岌可危。前外报载四十七（？）军要解决十九师，令人愤恨。外报用字措语，极讥讽之能事。夏天回去时，还不知能由上海走否？但走东三省，还不是一般都在敌人掌握中。就是北平，也是燕巢危幕而已。

你现在和那几位同住，便中望告我。我大约月底月初离英，来信仍寄使馆转。

二妹病好否？盼她能来一信。

你的清

（一九三二年五月）十二日晚

---

①顾恺之（34~409），晋陵无锡（今江苏无锡）人。东晋画家，绘画理论家，与曹不兴、陆探微、张僧繇合称“六朝四大家”。代表画作有《洛神赋图》、《女史箴图》等。《女史箴图》传为早期摹本，1900年八国联军侵入北京时被英军掳去，藏于伦敦不列颠博物馆。②赵孟頫（1254~1322），南宋末至元初书画家、诗人。字子昂，号松雪道人，浙江吴兴人，宋太祖赵匡胤十一世孙。赵孟頫曾多次以双马为题作画，此画为其中一幅。③沈周（1427~1509），明代书画家。号石田等，长洲（今江苏苏州）人。明中期文人画“吴派”开创者，与文徵明、唐寅、仇英合称“明四家”。

第 [69] 封 四妹

亲爱的隐妹：

日内连接你两信，第一信说三妹患猩红热，你去看她令我甚不放心；接第二信，知三妹病已好，大慰大慰！你身体如何？极念。猩红热是险症，传染他人甚厉害，现在平安无事，真好极了。请代向三妹致意！二妹的病不知怎样了，并甚念。来信未提，想是好了？但愿如此！

你说我的信少，我是每星期写一封信；这几个月连这一回只误过两回，因为忙闹昏了。你何以收到如此之少？

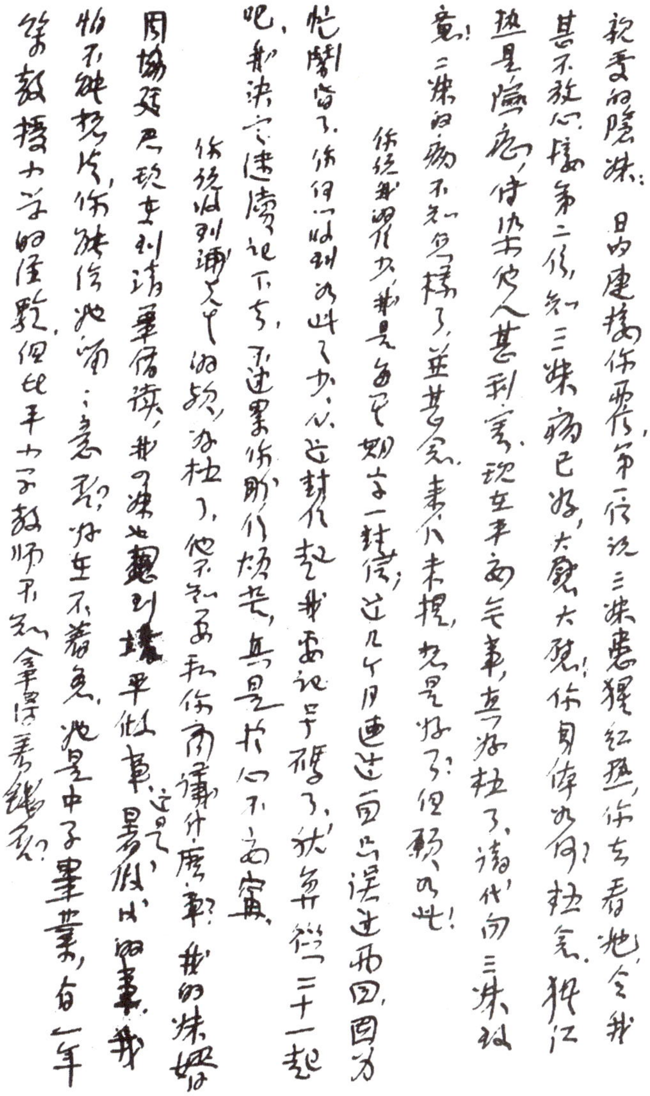

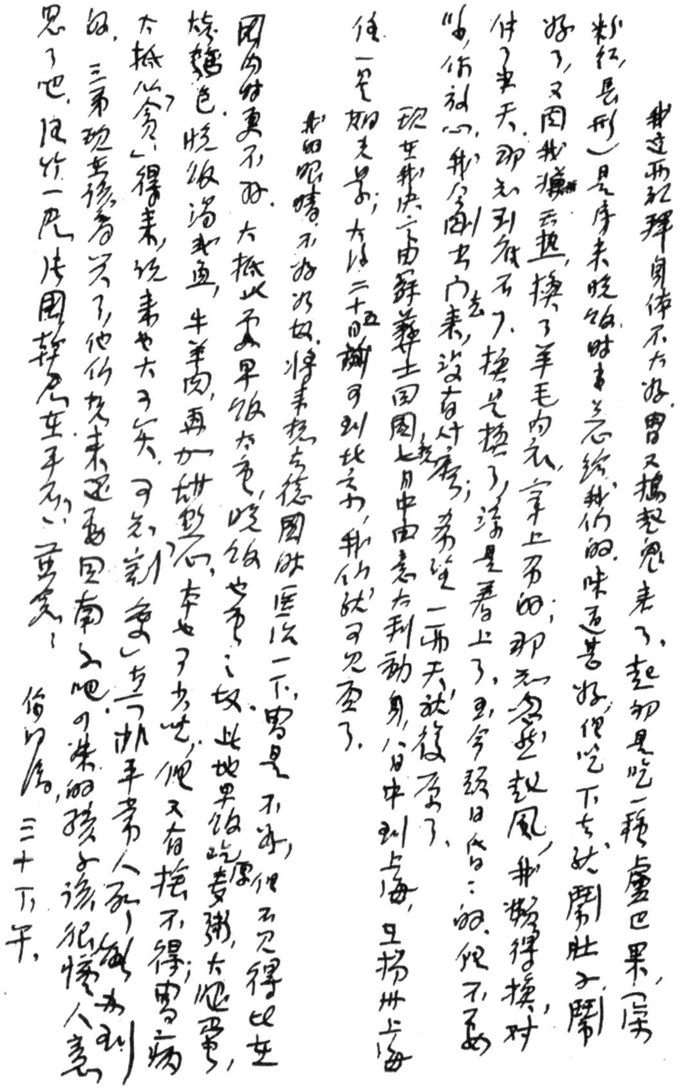

从这封信起我要记号码了，就算从二十一起吧，我决定继续记下去。不过累你盼信烦苦，真是于心不安宁。

你说收到浦先生的款，好极了，他不知要和你商议什么事？我的妹婿周翕庭君现在到清华借读，我四妹也想到北平做事，这是暑假后的事。我怕不能想法，你能给她留留意否？好在不着急。她是中学毕业，有一年馀教授小学的经验。但北平小学教师不知拿得着钱否?

我这两礼拜身体不大好，胃又捣起鬼来了。起初是吃一种卢巴果（深粉红，长形），是房东晚饭时当点心给我们的。味道甚好，但吃下去就闹肚子，闹好了，又因我嫌天热，换了羊毛内衣，穿上布的，那知忽然起风，我懒得换，对付了半天，那知到底不行。换是换了，凉是着上了，至今头上昏昏的，但不要紧，你放心。我今刚出门去来，没有什么；希望一两天就复原了。

现在我决定由苏伊士回国，想七月中由意大利动身，八月中到上海，在扬州上海住一星期光景；大约二十五日前可到北平，我们就可见面了。

我的眼睛不好如故，将来想去德国时医治一下。胃是不好，但不见得比在国内时更不好，大抵此处早饭太重，晚饭也重之故。此地早饭吃厚麦粥、火腿蛋、烤面包，晚饭汤或鱼，牛羊肉，再加甜点心，本也可少吃，但又有舍不得；胃病大抵从“贪”得来，说来也大可笑。可知“割爱”真非平常人所能办到的。三弟现在该高兴了，他们想来还要回南京吧。四妹的孩子该很懂人意思了吧！汪竹一君、张国干君在平否？并念!

你的清

（一九三二年五月）三十日下午

第[70]封 柏林

亲爱的隐妹：

昨接五月廿日信，是从英国转来的。你的相片照得很好，谢谢！你说二十四日在清华礼堂与曹君配琴挑[①]；恕我直言，这件事似乎有些不大合式罢。大约曹君年少，未及权衡轻重，才有此请求耳。你演得很好吧！《清华周刊》必有这回戏的记载，倒想看看。

在柏林承蒋慰堂[②]兄招待，玩得极有意思，但非常累。想下星期一走，再玩三个德国城，便到瑞士去。柳君夫妇已先行，我又只得独行，好在在外国倒也方便的。

上星期去看DO-X水上飞机时，在轮船上有人来照了一相。当时我不愿照，所以一股别扭劲儿，寄给你看看。

近来演戏否？北平天气想是热了，这里还凉爽得很。报上说六月这样冷，也不常见。

就要出门，匆匆不一。

你的清

（一九三二年六月）十七日

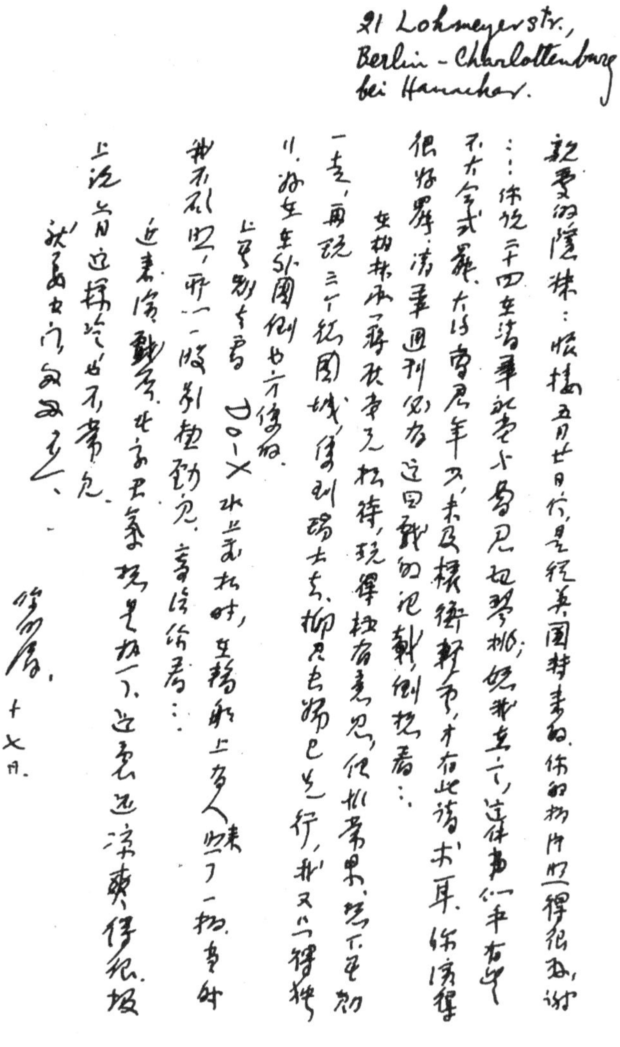

①《琴挑》，昆曲折子戏，描写青年男女的爱情故事，以唱腔婉转、唱词优美、感情细腻而著称，是昆曲代表曲目之一。源于明代高濂《玉簪记》第十六齣。剧情为：南宋初年，书生潘必正因科考落第而寄寓女贞观读书，以备来年继续参加科考。一晚，他偶遇正在弹琴的道姑陈妙常，惊其艳丽。于是两人以琴探情，潘郎言语挑动，妙常佯怒，心下已然动情。②蒋复璁（1898~1990），图书馆学家。字美如，号慰堂，浙江海宁人，蒋百里之侄。1923年北京大学毕业，1924年任教于清华学校，1926年任北京图书馆编纂，1930年由浙江省政府选派，留学德国柏林大学。历任中央图书馆筹备处主任、馆长。与朱自清友善。1950年寓居香港，次年赴台湾大学任教。历任台湾“中央图书馆”馆长、台湾“故宫博物院”院长等。

第[71]封 科隆

亲爱的隐妹：

二十一日离柏林到德瑞司登，看了博物院和女神出浴池。院中有拉飞尔圣母像，最著名，面相美妙温雅，论者以为女性之最美的表现。女神出浴池有雕像十四座，皆作希腊诸女神（水神）出浴状，各具神采。二十一日晚乘车东行，昨早到科隆，科隆有一教堂，系戈昔式[①]，双尖塔高耸入云，近看雕镂工细，庄严精美兼而有之，所以著名于世。今早由科隆乘汽船南行，此行为游莱茵河。莱茵沿岸古迹最多，从哥伯伦以下，两岸皆中世纪古堡，令人悠然遐想，如谢安之登冶城。由德瑞司登至科隆系坐夜车，因在柏林时少睡，加以这一夜劳碌，疲乏不堪，但昨晚睡得很好，今

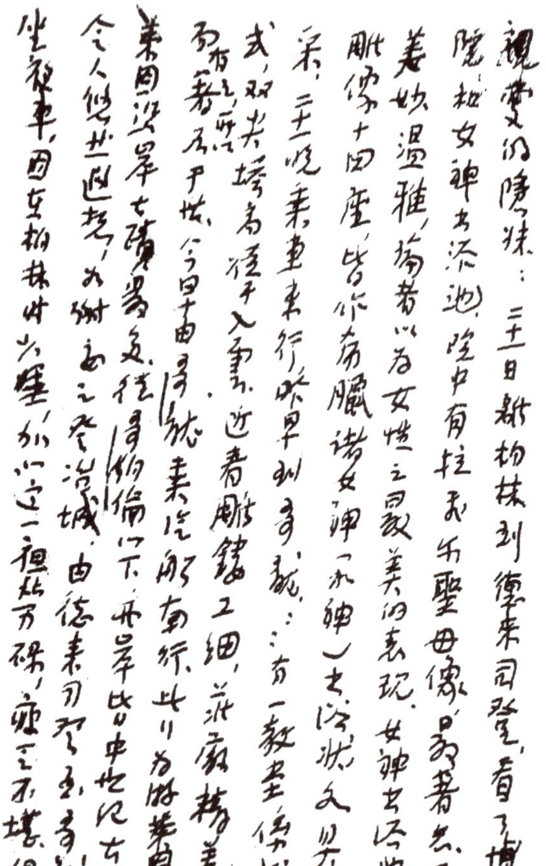
亲爱的隐妹：二十一日离柏林到德瑞司登，看了博物院和女神出浴池。院中有拉飞尔圣母像，最著名，面相美妙温雅，论者以为女性之最美的表现。女神出浴池有雕像十四座，皆作希腊诸女神（水神）出浴状，各具神采。二十一晚乘车东行，昨早到科隆，科隆有一教堂，系戈昔式，双尖塔高耸入云，近看雕镂工细，庄严精美兼而有之，所以著名于世。今早由科隆乘汽船南行，此行为游莱茵河。莱茵沿岸古迹最多，从哥伯伦以下，两岸皆中世纪古堡，令人悠然遐想，如谢安之登冶城。由德瑞司登至科隆系坐夜车，因在柏林时少睡，加以这一夜劳碌，疲乏不堪，但昨

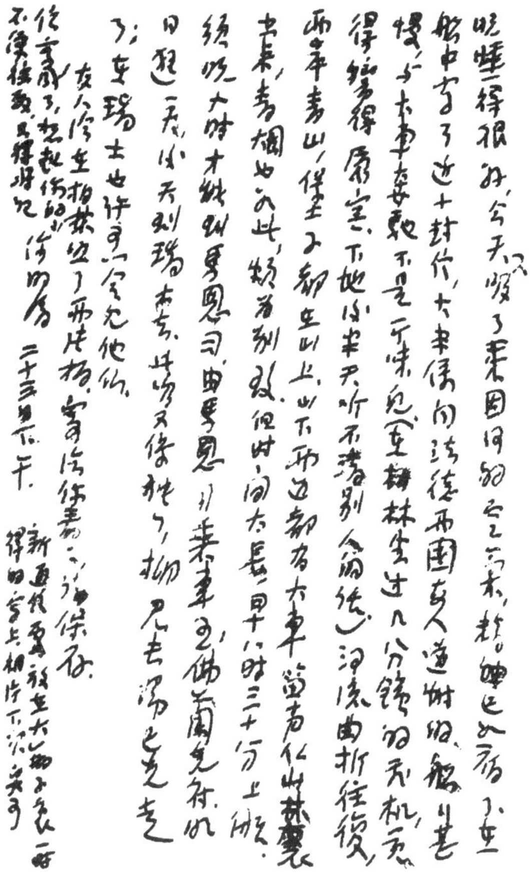

天又吸了莱茵河的空气，精神已如旧了。在船中写了近十封信，大半系向法德两国友人道谢的。船行甚慢，与火车奔驰不是一个味儿（在柏林坐过几分钟的飞机，觉得响得厉害，下地后半天听不清别人的话）。河流曲折往复，两岸青山，堡子都在山上，山下两边都有火车，笛声从山林里出来，青烟也如此，颇为别致。但时间太长，早八时三十分上船，须晚十时才能到马恩司。由马恩司乘车至法兰克福。明日逛一天，后天到瑞士去。此次又系独行，柳君夫妇已先走了；在瑞士也许可以会见他们。

友人给在柏林照了两张相，寄给你看看，请保存。

信写成了，想起你的新通信处，放在大箱子里，一时不便往取，只得将记得的写上。相片下次寄。

你的清

（一九三二年六月）二十三日下午

①今通常译作“哥特式”或“歌德式”，这里指一种兴盛于中世纪高峰至末期的建筑风格。

第陆章

步入幸福的婚姻

1932年8月4日，朱自清和陈竹隐在上海举行婚礼。经过两年的恋爱交往和深入了解，这对惺惺相惜的恋人步入婚姻殿堂。至此，一个新潮又时尚的才女，为了她仰慕的丈夫放弃了自己喜爱的绘画、昆曲等才华。本该创造传奇的她甘愿回到平凡而枯燥的家庭生活中，尽心照顾他和前妻留下的五个孩子，默默地支持着他的事业。一家人虽然日子过得清贫，但她从未抱怨过。这或许就是真爱吧！

第 [72] 封 交代

隐妹：

昨晚回来，看看空房子，非常寂寞；想起两礼拜，真是长日子，不知怎样过去。

豆豉里要不要搁盐，请告我照办。

你的衣服放在小箱里给你送来。

医院的药票如在你处，请检交来人。

明天看完了，别忘了写信给我！明晚上我也许打电话给你。

你的清

（一九三三年一月）十五日

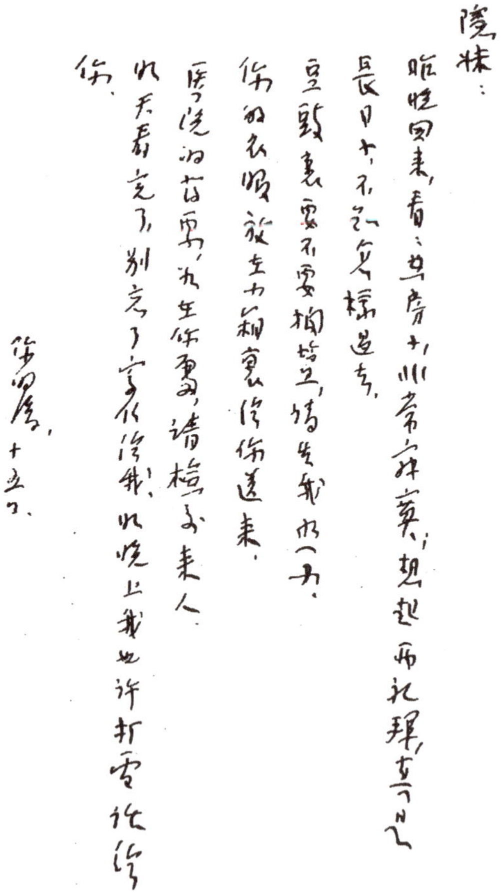
隐妹：
昨晚回来，看看空房子，非常寂寞；想起两礼拜，真是长日子，不知怎样过去。
豆豉里要不要搁盐，请告我照办。
你的衣服放在小箱里给你送来。
医院的药票如在你处，请检交来人。
明天看完了，别忘了写信给我，明晚上我也许打电话给你。
你的清，
十五日。

第[73]封 思念

隐妹：

今晚等你吃饭，但你没有回来，想来大夫不教你回来。刚才打电话进城，说是金宅已上了门，叫不开；大约今晚风大的缘故吧，不然九点半不会上门的。今早读你的信并和你通电话后，将几日来烦躁的心情安静了许多；但刚才电话通不了，又教我乱起来了。今晚怕又做不了事，觉怕也睡不好，令人懊丧之至！

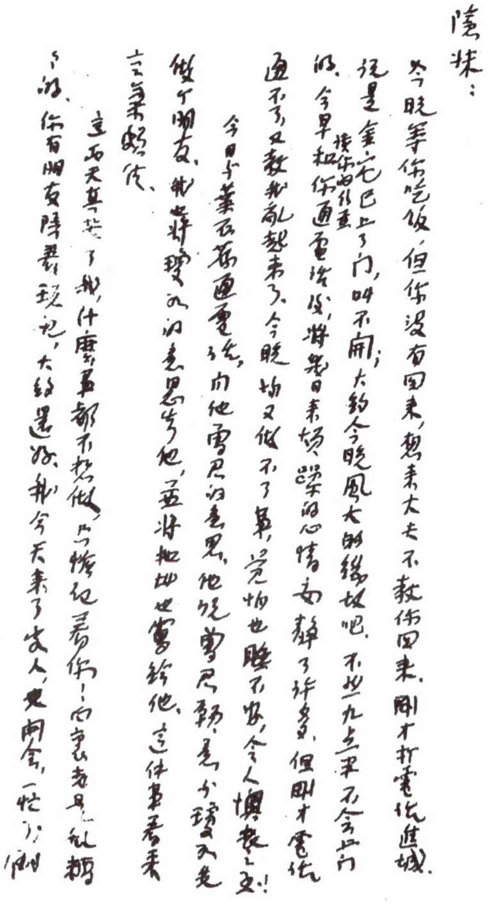
隐妹：

今晚等你吃饭，但你没有回来，想来大夫不教你回来。刚才打电话进城，说是金宅已上了门，叫不开；大约今晚风大的缘故吧，不然九点半不会上门的。今早接你的信并和你通电话后，将几日来烦躁的心情安静了许多；但刚才电话通不了，又教我乱起来了。今晚怕又做不了事，觉怕也睡不安，令人懊丧之至！

今日与叶石荪通电话，问他曾君的意思。他说曾君愿意与琼如先做个朋友，我也将琼如的意思告他，并将地址也写给他。这件事看来空气颇佳。

这两天真苦了我，什么事都不想做，只惦记着你！心里老是乱糟糟的。你有朋友陪着玩儿，大约还好；我今天来了客人，又开会，一忙了，倒

今日与叶石荪通电话，问他曾君的意思。他说曾君愿意与琼如先做个朋友，我也将琼如的意思告他，并将地址也写给他。这件事看来空气颇佳。

这两天真苦了我，什么事都不想做，只惦记着你！心里老是乱糟糟的。你有朋友陪着玩儿，大约还好；我今天来了客人，又开会。一忙了，倒觉得松活些。来的是蒋慰堂，本来在德国，这回从南京来，说了些有趣的故事；等你回来和你说，无非是海船上的花样。

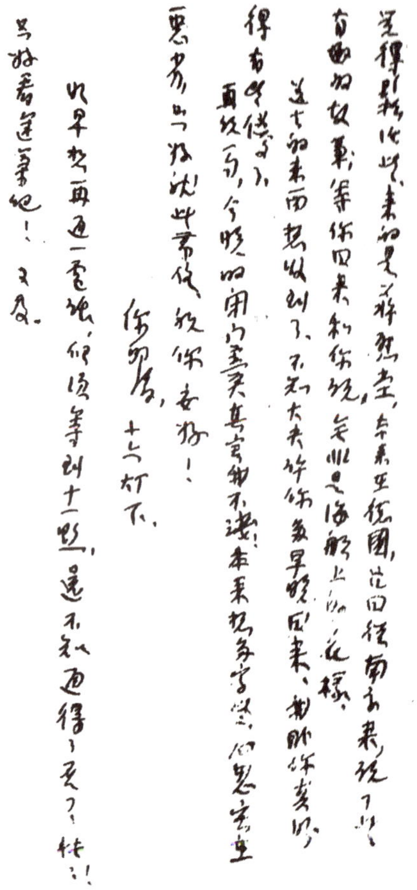

送去的东西想收到了，不知大夫许你多早晚回来。我盼你真盼得有些傻了。

再说一句，今晚的闭门羹真害我不浅！本来想多写些，心思实在恶劣，只好就此带住，祝你安好！

你的清

（一九三三年一月）十六日灯下

明早想再通一电话，但须等到十一点，还不知通得了否?!

怅怅！只好看运气吧！又及。

第[74]封 椅子

隐：

昨天在杨宅又多喝了酒。酒实在好，用桂圆肉和枣子泡的白干，色味俱浓，可是喝了后一直不舒服到晚上。由杨宅出来便上高宅去，高二爹说今年田上收成不好，甚为着急，又说起我的二叔祖母的事，我也觉得烦躁。七点钟车回校，晚饭吃不下，只喝了些白菜肉片汤（虽然吃不下，可是肉是不能不吃的）。余太太听见我回来，还以为城里出了什么事。他们家昨晚上有客，今早在过道中看见他们那张黑圈椅背断了，大约是坐坏的。这些年轻人真有意思，可是苦了椅子。想起我们那些小小的新椅子将来不知运命如何，但我们只坐着吃饭，大概不要紧。因人吃饭虽然也有文野之分，但只以饭菜为对象，身子或直或俛；仰着吃饭，如伸懒腰一般的，实在很不多见也。

郑裁缝的账，你的钱若不够付，我后天下午带点钱给你。今天我差不多将银行钱全支来了，又向章晓初[1]借了些，大约勉强可过这个旧正月了。

隐：

昨天在杨仑处又喝了酒。酒实在好，用桂圆肉泡了一礼拜的白干，色味俱浓。可也喝了小一点不舒服到晚上。由杨仑处出来便上看朵去，看二嫂说今年回上海成不成，甚为着急。又说起我的二叔祖母回来，我也觉得烦躁。七点钟来回旅馆，晚饭吃不下，只喝了些白菜肉片汤。一夜也吃不下，可是肉也不能不吃。逛了朱太太，听见我回来，邀一同城隍去看了什么戏。他们家晚上有戏，今早在过道中看见他们那很里圆桌背断了，大概是生境的。这些年轻人真有意思，可是花了精力，想起我们那些新时料，将来不知道命如何。但我们二代素吃饭，大概不要紧。因人吃饭，我也也有文化，只以二代人饭子来为对象，身子或者更优；仰着吃饭，如仲媛，一般的，实在很不易见也。

郑先生的炊，你的伞实不能给我，你天下午要便缝给你。今天我着不到将你的全文来了。又向朱晓初借了些书，有为你过来了这个专为夏日。

你觉得天气凉热？徐在此处已来了。我昨晚睡得很好。独坐一楼，饥也火些。却来一大帖由得来你睡得好吗？

清，

十三。

你觉得怎么样？徐右丞处已去否？我昨晚睡得很好，独据一榻，虽然冷些，却宽大自由得多。你睡得好吗？

清

（一九三三年一月）二十三日

①章晓初（?~1936），清华大学职员，与朱自清友善。

第 [75] 封 岳麓

隐：

到此已半个月，离平已四个礼拜了，未能见你只字，每日必想念你们。杨遇夫[①]已搬至乡下，信由他亲戚转，不知转得来否？黄子卿[②]也未接家信。或者路上一齐耽搁了么？此处九月薪[③]还是未发出，今日向梅老[④]借了百元，寄八十元至扬。因扬寓甚窘也！三弟[⑤]来信，四妹十月已至湘西，近想安抵昆明了。

上星期一去衡山。那里也有圣经学院[⑥]，似乎已经告诉你了。今日已派人去分隔房屋，大约十日后可以移去。前日我们过江上岳麓山去，那边风景也很寻常。新房子正在建筑，教员住宅一时谈不到。我们上衡山，王了一[⑦]不去，因无适当房屋可住家眷。此地连日天气晴和，据说有一两个月如此，果然，也就不错了。

我们同人来的有浦江清、闻一多[⑧]、许骏斋[⑨]、李嘉言[⑩]、余冠英[⑪]等，但都还在路上。

到此以来，天天上街，有名地方，大部分已去过，熟人又多，因此也不得闲。从明日起要好好读书了。四川方面，廖、二张、杨中序我都写信去，叶石荪也去隐：到此已半个月，钱平已四个礼拜了，未能见你手书，每日必想念你的。据迅大已搬去佛下，信由他转收时，不能拿得来了。另外卿也未接家信。我昨于一周前肚痛了，瘦了。此次九日所迁是未发出，今日同杨付了一百元，尚八十元未拨。四杨部甚宠也。三弟来信，四妹已去湖西，近想安抵昆明矣。

上星期一去衡山，那里也有圣经学院，似乎已经告诉你了。今日已派人去帮取房屋，大约十日以后可以搬去。前日我们游江上岳麓山去。那里风景也很显常。新房子正在建筑，秋天住定再往不迟。我们上衡山，至了一下不去，因天气不适去候处一了住家乡。此四遇日天气晴朗，据说有一两个月如此，果然，也就不错了。

我们同人来的有浦江清、闻一多、许骏斋、李嘉言、余冠英等，但都还未到此上。

到此以来，天天上街，有名地方，大部分已去过，熟人又多，因此也不得闲。从前日起要好好读书了。四川方面，廖、张、杨中和我都写信去，至今尚未来了信。不能替他们在中国文学系主任，我就心不安。

我们衡山的是新局。书籍都不必寄来了，请以下开各件寄来，寄湖南衡山上圣经书院我收。（以此书需要）

一、陶诗笔记　二、中国文学批评及宋人诗话笔记（以上二项，均须卡片，寄前须已详述）

三、陶谱各种第一　四、陶靖节集（三四均须挂号寄，三在屋北壁玉柜中）（四须本书精校）　五、陶渊明年谱中之问题（在案几上）

六、陶渊明年谱（在屋北壁玉柜中——宝玉已收检，查找请将屋北壁玉柜一起寄来）　七、陶集考辨，印（本放书桌旁的）组成类，在案几上）　八、渊明诗注　九、陶渊明年谱笔记一本　十、陶渊明年谱稿一本（俟我自作，一薄本，在案几上）

十一、陶集年谱各本（大本装订，在案几上）　十二、中国文学批评笔记卡片（此件务要已装寄来）　十三、宋诗钞三本　十四、宋诗钞等及目录等（在案几上）　十五、Analytic Syntax（在西角壁上）　十六、Psychology of Grammar（江西本）

十七、史书评传之译本二本　十八、在案几上的，前面的说诗稿。

以上各件，均须用牛皮纸包好，写明如何寄，书籍如交可靠人捎来，但尤须注意用挂号寄来为要。

半价两女在商务之上了一天课，然后不了。现到武昌，想到胜利大学借读，明日须托人打听，也许可以行。

弟弟请你每月寄去两四元，也许你说不可，现在已经在衡阳华中学一年几。走前喜不能说，走后了。我从三里到此，写你的已有十一封，不知你全收到否？你们老来都好。老家也亦好了。二弟见着。

清
十月二十日灯下。

了信。石荪据说任中国文学系主任，我疑心不确。

我到衡山，也是暂局，书籍先不必多寄，请照下开各件寄来，请寄湖南衡山上（此字甚重要）圣经学院我收。

一、陶诗笔记。

二、中国文学批评及宋人诗论笔记。（以上二项，均系卡片，寄法前函已详述）

三、《陶靖节诗笺》。

四、《陶靖节集》。（三、四均系孙先生借看，三在层冰堂五种中，四系商务版）

五、《陶渊明年谱中之问题》⑫。（在茶几上）

六、《陶渊明年谱》。（在层冰堂五种中——写至此，想起来，索性请将层冰堂五种一起寄来）

七、《陶集考辨》。（郭绍虞著，在茶几上）

八、《渊明诗话》。

九、陶渊明笔记一本。（英文簿花面）

十、陶渊明年谱稿⑬一本。（系我自作，一薄本，用英文格子写的，在茶几上）

十一、《陶集序》录本。（大本绿格，在茶几上）

十二、中学国文教学法笔记卡片。（此件前函已请寄来）

十三、《宋诗钞》三本。

十四、《宋诗钞略》及目录等。（在茶几上）

十五、*Analytic Syntax*⑭。（灰面有黑点）

十六、*Psychology of Grammar*⑮。（红面大本）

十七、夹有纸条之洋书二本。

十八、在茶几上的，剪下的杂志论文。

以上各件，均请用牛皮纸包好，写明文学书籍或文学讲义，挂号寄来，但第九项请用快信寄来，为要。

平伯两女在齐鲁[16]只上了一天课，就停办了。现到武昌，想到临时大学借读，明日须代为打听，也许可以行。

前函请你每礼拜写两回信，也许你没工夫，现在还是请每礼拜准定写一封信。远处老不得信，真是着急。我从天津到此，写信恐已有十一封，不知你全收到否？你们想来都好。小孟想已动身。二弟[17]见否？并念念。

清

（一九三七年）十月二十日灯下

①杨树达（1885~1956），语言文字学家。字遇夫，号积微，湖南长沙人。1897年入时务学堂，1905年留学日本。历任湖南省立第一女子师范、湖南省立第一师范国文教员，北京高等师范国文系主任，清华大学、湖南大学教授，中央研究院院士，中国科学院学部委员，全国政协委员等。杨树达是朱自清的中文系同事。②黄子卿（1900~1982），物理化学家、教育家。广东梅县人。1921年清华学校毕业，留学美国威斯康辛大学、康奈尔大学、麻省理工学院，获学士、硕士、博士学位。历任清华大学、西南联合大学、北京大学教授，中国科学院学部委员，九三学社中央委员、中央常委。③全面抗战爆发后，国民政府实行财政紧缩政策，影响波及大学教职员。自1937年9月起，教职员薪金一律以50元为基数，余额按七成发给。朱自清每月薪俸360元，实得267元。④梅贻琦（1889~1962），教育家。字月涵，天津人。1908年入保定直隶高等学堂，1909年留学美国吴士脱理工学院，获学士学位。历任清华大学教授、教务长、校长，教育部高等教育司司长，西南联合大学校务委员会常委。1949年赴台湾，在新竹重建清华大学，任校长。⑤朱国华（1907~2002），字佩珂，朱自清三弟，生于扬州。1923年扬州中学毕业。工作数年后，在朱自清的资助下考取厦门大学法律系，1934年毕业。全面抗战期间，流落西南，一度在昆明，与大哥朱自清时相过从。抗战胜利后，任无锡地方检察官。1953年被剥夺工作权利，1988年得以平反。⑥圣经书院，长沙有隶属于基督教会的圣经书院，南岳有圣经书院分部，坐落在衡山白龙潭附近。1937年11月~1938年1月，长沙临时大学（西南联合大学前身）文学院设在这里。⑦王力（1900~1986），语言学家、作家，字了一，广西博白人。1924年入上海南方大学，又转上海国民大学。1926年入清华大学国学研究院，1927年留学法国巴黎大学，获博士学位。历任清华大学、燕京大学、广西大学、西南联合大学教授，岭南大学文学院院长，中山大学文学院院长、语言学系主任，北京大学教授，中国文字改革委员会副主任，中国科学院学部委员，全国政协常委等。王力是朱自清的中文系同事。⑧闻一多（1899~1946），诗人、学者。原名家骅，又名多、亦

多，湖北黄冈人。1912年入清华学校，1922年留学美国芝加哥美术学院。历任北京艺术专门学校教务长，南京第四中山大学外文系主任，武汉大学文学院院长，青岛大学文学院院长，清华大学教授、中文系主任等。抗战胜利前后投身民主运动，1946年7月15日在昆明被暗杀。闻一多是朱自清的中文系同事。⑨许维遹（1900~1950），学者。号骏斋，山东荣成人。1932年北京大学中文系毕业。后任教于清华大学、西南联合大学。当时许维遹任中文系教员。⑩李嘉言（1911~1967），学者。字慎予，河南武陟人。1934年清华大学中文系毕业。曾任清华大学中文系助教、西南联合大学中文系讲师，在联大文科研究所从闻一多作唐诗研究。后至西北师范学院、河南大学任教。新中国成立后历任河南大学、河南师范学院教授，开封师范学院教授、中文系主任等。当时李嘉言任中文系助教。⑪余冠英（1906~1995），学者。字绍生，江苏扬州人。15岁入江苏省立第八中学（后更名扬州中学），当时朱自清任该校教务主任。1931年清华大学中文系毕业，先后在清华大学、西南联合大学任教。新中国成立后历任中国科学院文学研究所研究员、副所长、学术委员会主任、《文学遗产》主编等。当时余冠英任中文系教员。⑫《陶渊明年谱中之问题》为朱自清所著，1934年7月发表于《清华学报》第9卷第3期。⑬此年谱今已失佚。⑭*Analytic Syntax*,《分析句法》，丹麦语言学家、哥本哈根大学教授奥托•叶斯柏森（1860~1943）著。⑮原名*An Objective Psychology of Grammar*,《客观语法》，心理学家、美国印第安纳大学教授雅各布•坎特（1888~1984）著，1936年印第安纳大学出版。⑯齐鲁大学，1864年3月由美北长老会、英国浸礼会共同发起，来自美国、英国、加拿大的多个基督教教会联合创办，从小学、中学逐渐发展到大学，1917年定名齐鲁大学，是中国最早的教会大学之一。⑰朱物华（1902~1997），电子学家、教育家。字佩韦，朱自清二弟，生于扬州江都。1923年上海交通大学毕业后，考取清华“庚款留美”资格，入麻省理工学院、哈佛大学，获博士学位。归国后历任中山大学、唐山交通大学、北京大学、西南联合大学教授，上海交通大学工学院院长、副教务长、副校长、校长，哈尔滨工业大学教务长、副校长，中国科学院学部委员、全国政协委员等。是中国电子学、水声学的奠基人之一。

出版后记

1. 本书收入了朱自清写给陈竹隐的情书75封，同时还收入了6封陈竹隐写给朱自清的原信。此次内容参考了朱家后人提供的他们授权出版的《朱自清全集·书信卷》的内容，文前图片参考了朱家后人提供的《朱自清》画。

2. 读这些泛黄的手稿，不仅为朱自清和陈竹隐两人真挚而纯粹的感情所感动，也能从信中知晓当时文人学者们的一些情调、喜好和追求，比如琉璃厂古玩字画、北平知名的三大咖啡馆、有名的八大春饭庄，等等，这为我们进一步了解和研究那个时代的文化提供了素材。

3. 这些书信写于20世纪三十年代，鉴于当时民国时期的特殊情况，一些遣词造句、语法、表达结构、人名地名之类的翻译等与现在的写法、用法等有或多或少的差别，比如，身分和身份、利害和厉害、定杂志和订杂志、原故和缘故、合式和合适、那和哪、渴睡和瞌睡、以致于和以至于、答理和搭理等，还有个别是作者独特的语言表述习惯、口头禅，如太吃多、星六等。在编辑过程中，我们尽量遵照手稿的原貌，对这些问题全部保留原汁原味。目的是力图为读者还原朱自清书信手稿的真面目。

4. 为了便于读者阅读，我们根据信的内容，为每封信加了一个标题。

5. 此次出版收入的是朱自清手稿，对于陈竹隐原信手稿缺乏，比较遗憾。为此我们期待能搜集到关于陈竹隐的更多书信及其原件。如果您手中有这类原件，烦请跟我们联系，不胜感谢！

中国青年出版社

新青年读物工作室